중학 문법+쓰기

클리어.

Level 1

중학 문법+쓰기

클리어.

Level 1

구성과 특징

영작 기본 훈련 단계 | 문법을 쓰기로 연결하는 체계적인 연습을 할 수 있습니다.
기본적인 형태 연습에서 완전한 문장 쓰기까지의 과정을 통해 영작 실력을 쌓을 수 있습니다.

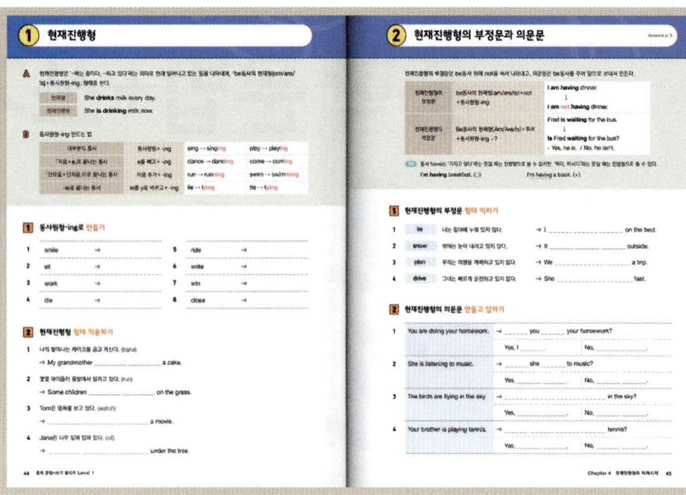

문법 설명 + 기본 형태 학습

세분화된 문법 요목으로 문법 개념을 더 쉽게
이해하고, 기본 형태 학습으로 바로 연습하여
더 쉽게 쓸 수 있습니다.

> **문장을 쓰기 위한 문법을 학습한 후**
>
> **바로 해보는 기본 형태 학습**

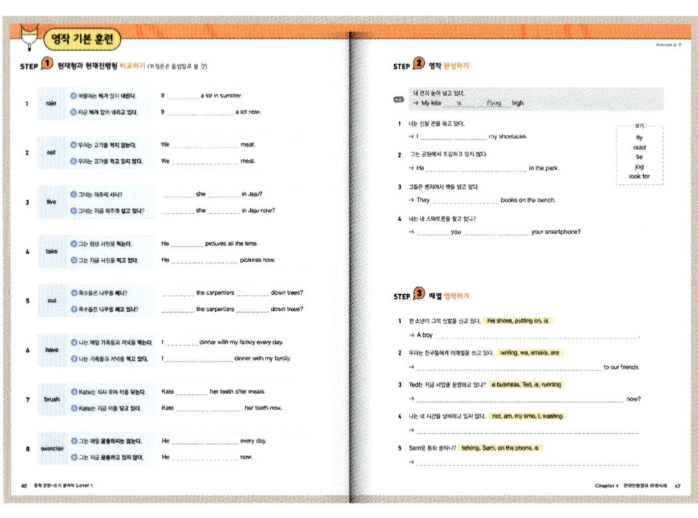

3단계 영작 기본 훈련

개념을 이해하며 쓰는 〈비교·확장하기 ▶ 영작
완성하기 ▶ 배열 영작하기〉의 3 STEP 훈련을
통해 영작의 기본기를 강화할 수 있습니다.

목차

be동사

1 be동사의 현재형

A 인칭대명사는 사람이나 사물을 가리키는 말로, 성별이나 단수·복수에 따라 다르게 쓴다.

my dad	→ **he**	Kevin and I	→ **we**
the girl	→ **she**	you and your friends	→ **you**
the desk	→ **it**	the students	→ **they**

B be동사는 주어의 인칭과 수에 따라 형태가 바뀌며, 주어가 인칭대명사인 경우 줄여 쓸 수 있다.

	단수	be동사	줄임말		복수	be동사	줄임말
1인칭	I	**am**	I**'m**		We		We**'re**
2인칭	You	**are**	You**'re**		You	**are**	You**'re**
3인칭	He She It	**is**	He**'s** She**'s** It**'s**		They		They**'re**

C be동사 뒤에는 명사(구), 형용사 또는 전치사구가 올 수 있다.

be동사+**명사(구)**: ~이다	I **am** a fashion designer.
be동사+**형용사**: ~(하)다	She **is** diligent.
be동사+**전치사구**: (~에) 있다	Luke and Rose **are** in the cafeteria.

> be동사 다음에 오는 전치사구는 장소를 나타내는 경우가 많다.

1 알맞은 인칭대명사 주어로 바꿔 쓰기

e.g.	the building	→ it	7	the books	→
1	Tom and I	→	8	our secret	→
2	my uncle	→	9	the firefighters	→
3	Jane and Brian	→	10	Mr. Green	→
4	Sarah and you	→	11	his grandmother	→
5	a red box	→	12	your cousins	→
6	my shoes	→	13	Ms. Johnson	→

2 be동사 현재형 **줄임말 익히기**

e.g.　나는 슬프다.　→ ______I______ ______am______ sad.
　　　　　　　　　→ ______I'm______ sad.

1　너는 친절하다.　→ ______________ ______________ kind.
　　　　　　　　→ ______________ kind.

2　그것은 침대 밑에 있다.　→ ______________ ______________ under the bed.
　　　　　　　　　　→ ______________ under the bed.

3　그녀는 의사이다.　→ ______________ ______________ a doctor.
　　　　　　　　　→ ______________ a doctor.

4　그것들은 맛있다.　→ ______________ ______________ tasty.
　　　　　　　　　→ ______________ tasty.

5　그는 용감하다.　→ ______________ ______________ brave.
　　　　　　　　→ ______________ brave.

6　우리는 늦었다.　→ ______________ ______________ late.
　　　　　　　→ ______________ late.

3 인칭대명사 주어와 be동사 현재형 **쓰기**

e.g.　Harry ______is______ sick today.　→ ______He______ ______is______ sick today.

1　The students ______________ at school now.　→ ______________ ______________ at school now.

2　My sister ______________ a famous violinist.　→ ______________ ______________ a famous violinist.

3　The big tree ______________ next to my house.　→ ______________ ______________ next to my house.

4　Dan and I ______________ in the same class.　→ ______________ ______________ in the same class.

5　Whales ______________ sea animals.　→ ______________ ______________ sea animals.

6　The athletes ______________ thirsty.　→ ______________ ______________ thirsty.

7　Your smartphone ______________ on the table.　→ ______________ ______________ on the table.

영작 기본 훈련

STEP 1 be동사 문장 **비교하기**

1
- ⓐ 나는 축구 선수**이다.** — I ___________ a soccer player.
- ⓑ **나는** 빠르**다.** — ___________ ___________ fast.
- ⓒ **나는** 축구 경기장에 **있다.** — ___________ at the soccer stadium. (줄임말)

2
- ⓐ Sandy와 나는 간호사**이다.** — Sandy and I ___________ nurses.
- ⓑ **우리는** 지금 병원에 **있다.** — ___________ ___________ at the hospital now.
- ⓒ **우리는** 매우 바쁘**다.** — ___________ very busy. (줄임말)

3
- ⓐ 나의 침대는 크**다.** — My bed ___________ large.
- ⓑ **그것은** 매우 편안하**다.** — ___________ ___________ very comfortable.
- ⓒ **그것은** 내 방에 **있다.** — ___________ in my room. (줄임말)

4
- ⓐ Steve는 내 친구**이다.** — Steve ___________ my friend.
- ⓑ **그는** 캐나다 출신**이다.** — ___________ ___________ from Canada.
- ⓒ **그는** 매우 친절하**다.** — ___________ very friendly. (줄임말)

5
- ⓐ 벌은 작은 곤충**이다.** — Bees ___________ small insects.
- ⓑ **그것들은** 노랗고 검**다.** — ___________ ___________ yellow and black.
- ⓒ **그것들은** 꽃 위에 **있다.** — ___________ on the flowers. (줄임말)

6
- ⓐ 너와 너의 친구들은 재미있**다.** — You and your friends ___________ fun.
- ⓑ **너희들은** 지금 무대 위에 **있다.** — ___________ ___________ on the stage now.
- ⓒ **너희들은** 인기 **있다.** — ___________ popular. (줄임말)

STEP **2** 영작 완성하기

e.g. 그 소녀는 나의 반 친구이다.
→ ____The____ ____girl____ ____is____ my classmate.

1 이 영화는 매우 흥미진진하다.

→ ____________ ____________ ____________ very exciting.

2 나의 부모님은 휴가 중이시다.

→ ____________ ____________ ____________ on vacation.

3 저 남자아이는 나의 남동생이다.

→ ____________ ____________ ____________ my younger brother.

4 그 가수들은 독일 출신이다.

→ ____________ ____________ ____________ from Germany.

보기
that boy
~~the girl~~
my parents
the singers
this movie

STEP **3** 배열 영작하기

1 Alex와 Jude는 나에게 화가 나 있다.   angry, Alex, are, Jude, and

→ ____ with me.

2 내 여동생은 욕실에 있다.   in the bathroom, my, is, sister

→ ____

3 그것은 매우 유용한 앱이다.   useful, a, app, it's, very

→ ____

4 나는 1학년이다.   I, in the first grade, am

→ ____

5 Ron과 그의 친구들은 놀이공원에 있다.   his friends, at the amusement park, and, Ron, are

→ ____

be동사의 부정문은 be동사 뒤에 not을 붙인다.

I **am** hungry.	He **is** my teacher.	They **are** in the park.
→ I **am** <u>not</u> hungry.	→ He **is** <u>not</u> my teacher.	→ They **are** <u>not</u> in the park.
(= I'm not)	(= He isn't 또는 He's not)	(= They aren't 또는 They're not)

- - - - - - - - - - → I am not은 I amn't로 쓰지 않고 I'm not으로만 줄여 쓴다.

I'm not busy.
It **isn't** a new camera.
You **aren't** honest.

---

1 be동사의 부정문으로 **바꿔 쓰기**

(e.g.) You are lazy. → <u>　　You　　</u> <u>　aren't　</u> lazy.

1 It is her favorite TV show. → ___________ ___________ her favorite TV show.

2 John is late for school. → ___________ ___________ late for school.

3 I am on the second floor. → ___________ ___________ on the second floor.

4 They are firefighters. → ___________ ___________ firefighters.

---

2 be동사의 부정문 **형태 익히기**

(e.g.) 그녀는 수줍어하지 않는다. → She <u>　is　</u> <u>　not　</u> shy.
　　　　　　　　　　　　　　→ She <u>　isn't　</u> shy.

1 나는 교실에 있지 않다. → I ___________ ___________ in the classroom.
　　　　　　　　　　　　→ ___________ ___________ in the classroom.

2 그 모자들은 비싸지 않다. → The hats ___________ ___________ expensive.
　　　　　　　　　　　　→ The hats ___________ expensive.

3 너는 이 마을 출신이 아니다. → You ___________ ___________ from this village.
　　　　　　　　　　　　　→ You ___________ from this village.

3 be동사의 의문문

be동사의 의문문은 be동사를 주어 앞으로 보내고, 문장 맨 끝에 물음표를 붙인다.

I **am** strong.	You **are** in the first grade.	Jane **is** your sister.
→ **Am** I strong**?**	→ **Are** you in the first grade**?**	→ **Is** Jane your sister**?**
- Yes, you are.	- Yes, I am.	- Yes, she is.
- No, you aren't.	- No, I'm not.	- No, she isn't.

Is he a tourist?
- Yes, he is. / No, he isn't.

Are Ted and Sally at the museum?
- Yes, they are. / No, they aren't.

> 의문문에 답할 때는 인칭대명사를 사용한다.
> Is Sam tall?
> - Yes, **he** is. (○)
> - Yes, Sam is. (×)

---

1 be동사의 의문문 형태 익히기

e.g. 그는 경찰이니? → ___Is___ ___he___ a police officer?

1 너는 3학년이니? → __________ __________ in the third grade?

2 그것들은 감자니? → __________ __________ potatoes?

3 그것은 새 가방이니? → __________ __________ a new bag?

4 그녀는 도서관에 있니? → __________ __________ in the library?

---

2 be동사의 의문문 만들고 답하기

1 You are a student. → __________ __________ a student?

Yes, __________ __________.　　No, __________ __________.

2 Tom is smart. → __________ __________ smart?

Yes, __________ __________.　　No, __________ __________.

3 The girls are Amy's sisters. → __________ __________ __________ Amy's sisters?

Yes, __________ __________.　　No, __________ __________.

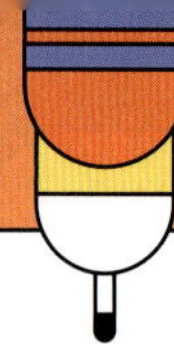

STEP 1 be동사 문장 비교하기 (부정문은 줄임말로 쓸 것)

1
ⓐ 나는 매우 신난다.
___________ ___________ very excited.

ⓑ 나는 지금 피곤하지 않다.
___________ ___________ tired now.

2
ⓐ 그들은 지하철역에 있다.
___________ ___________ at the subway station.

ⓑ 그들은 공항에 있지 않다.
___________ ___________ at the airport.

3
ⓐ James는 프랑스 출신이 아니다.
___________ ___________ from France.

ⓑ 그는 미국 출신이니?
___________ ___________ from America?

4
ⓐ 그것은 내 휴대 전화가 아니다.
___________ ___________ my cell phone.

ⓑ 그것은 네 휴대 전화니?
___________ ___________ your cell phone?

5
ⓐ Emma는 무용수가 아니다.
___________ ___________ a dancer.

ⓑ 그녀는 가수이다.
___________ ___________ a singer.

6
ⓐ 그것들은 탁자 위에 있지 않다.
___________ ___________ on the table.

ⓑ 그것들은 선반 위에 있니?
___________ ___________ on the shelf?

7
ⓐ 나는 과학을 잘하지 않는다.
___________ ___________ good at science.

ⓑ 나는 영어에 관심이 있다.
___________ ___________ interested in English.

8
ⓐ 너는 그 가수의 팬이니?
___________ ___________ a fan of the singer?

ⓑ 너는 그 가수의 팬이 아니다.
___________ ___________ a fan of the singer.

STEP **2** 영작 완성하기

| 보기 |　　the fruit　　　your bag　　　the workers　　　the students　　　your umbrella |

1　너의 우산은 내 차 안에 없다.

→ ______________ ______________ ______________ in my car.

2　그 학생들은 그들의 선생님과 함께 있지 않다.

→ ______________ ______________ ______________ with their teacher.

3　너의 가방은 무겁니?

→ ______________ ______________ ______________ heavy?

4　그 직원들은 지금 한가하니?

→ ______________ ______________ ______________ free now?

5　그 과일은 냉장고 안에 있니?

→ ______________ ______________ ______________ in the refrigerator?

STEP **3** 배열 영작하기

1　나는 지금 졸리지 않다.　sleepy, now, not, I'm

→ ____

2　그 장난감은 아이들에게 안전하니?　safe, the toy, for children, is

→ ____

3　그것은 그의 실수가 아니다.　his, it, mistake, isn't

→ ____

4　Claire와 나는 그 시험을 볼 준비가 안 되었다.　aren't, the test, Claire and I, ready for

→ ____

5　그녀가 우리의 새로운 수학 선생님이니?　our, is, new math teacher, she

→ ____

집중 훈련 1 틀린 부분 고치기
어법상 틀린 부분을 찾아 바르게 고치시오.

집중 훈련 2 영작 완성하기
주어진 말을 활용하여 문장을 완성하시오.

01 Her sons is polite.
그녀의 아들들은 예의 바르다.

__________ → __________

08 그 책들은 책상 위에 있다. (the books, be)

→ __________________________ on the desk.

02 Kelly aren't at the playground.
Kelly는 운동장에 있지 않다.

__________ → __________

09 그 건물들은 매우 높다. (be, very tall)

→ The buildings __________________.

03 Is Jay and Erin at the gym?
Jay와 Erin은 체육관에 있니?

__________ → __________

10 그녀는 숙제로 바쁘다. (be, busy)

→ __________________ with her
homework.

04 He and I am in different classes.
그와 나는 다른 반이다.

__________ → __________

11 Kate와 Lisa는 학교에 없다. (be, at school)

→ Kate and Lisa __________________.

05 Is my socks in the drawer?
내 양말들이 서랍 안에 있니?

__________ → __________

12 Ben은 운동을 잘하니? (be, good)

→ __________________ at sports?

06 The children isn't hungry now.
그 아이들은 지금 배고프지 않다.

__________ → __________

13 그 당근은 신선하지 않다. (the carrot, be)

→ __________________ fresh.

07 Are your father in the kitchen?
너희 아버지는 부엌에 계시니?

__________ → __________

14 너희들은 디즈니랜드에 있니? (be, at)

→ __________________ Disneyland?

집중 훈련 3 통문장 영작하기

주어진 말을 활용하여 영작하시오.

15 나는 고등학생이 아니다. (a high school student)

→ ______________________________

16 Jacob은 영리한 남자다. (a clever guy)

→ ______________________________

17 그들은 식당에 있다. (at the restaurant)

→ ______________________________

18 우리는 회의에 늦었니? (late for, the meeting)

→ ______________________________

19 그 신발은 비싸지 않다. (the shoes, expensive)

→ ______________________________

20
A 너는 14살이니? (years old)
B Yes, I am.

→ ______________________________

21
A 그 공은 소파 밑에 있니?
(the ball, under the sofa)
B Yes, it is.

→ ______________________________

집중 훈련 4 조건 영작하기

우리말과 의미가 같도록 〈조건〉에 맞게 영작하시오.

22 그 쿠키는 달지 않다.

> 조건 **1** be동사를 사용할 것
> **2** 주어진 말을 사용할 것 (the cookie, sweet)
> **3** 모두 4단어로 쓸 것

→ ______________________________

23 너의 개는 귀엽니?

> 조건 **1** be동사를 사용할 것
> **2** 주어진 말을 사용할 것 (dog, cute)
> **3** 4단어의 문장으로 쓸 것

→ ______________________________

24 그 학생들은 음악실에 있나요?

> 조건 **1** 괄호 안에 주어진 말을 사용할 것
> (in the music room)
> **2** 7단어로 쓸 것

→ ______________________________

25 Julie는 수영 선수가 아니다.

> 조건 **1** a swimmer를 사용할 것
> **2** 줄임말을 사용할 것

→ ______________________________

서술형 실전 TEST

서술형 1　(4점, 각 2점)

다음 문장을 지시대로 바꿔 쓰시오.

> You are good at math.

(1) 부정문: _______________________________

(2) 의문문: _______________________________

서술형 2　(2점)

자연스러운 대화가 되도록 문장을 완성하시오.

A　Who is that boy?

B　____________ ____________ my classmate.

서술형 3　(3점)

우리말과 의미가 같도록 주어진 말을 사용하여 영작하시오.

> 우리는 유명하지 않다. (famous)

→　____________ ____________ ____________.

서술형 4　(3점)

우리말과 의미가 같도록 〈조건〉에 맞게 영작하시오.

> 나의 아버지는 서울에 계시지 않는다.

조건　1　be동사를 사용하시오.
　　　2　괄호 안에 주어진 말을 사용하시오.
　　　　　(father, in Seoul)
　　　3　5단어의 문장으로 서술하시오.

→　_______________________________

서술형 5　(8점, 각 4점)

그림을 보고, 주어진 말을 사용하여 대화를 완성하시오.

(1)　　　　　　　　　　(2)

(1)　A　_______________________________
　　　　　　　(the jacket, on the sofa)

　　　B　____________, ____________ ____________.

(2)　A　_______________________________
　　　　　　　(the men, soccer players)

　　　B　____________, ____________ ____________.

서술형 6　(4점)

①~⑤ 중 어법상 틀린 부분을 찾아 바르게 고쳐 쓰시오.

> Mr. Smith ①is my English teacher. ②He is very kind to ③his students. My friends and I ④am happy with him. English ⑤is my favorite subject!

_______________ → _______________

서술형 7　(6점, 각 2점)

인물 정보를 보고, 〈조건〉에 맞게 지나를 소개하는 글을 완성하시오.

이름	Jina Lee
나이	(1) 22세
직업	(2) 스케이트 선수
신체	(3) 키가 크지 않음

조건　1　인칭대명사와 be동사를 사용하시오.
　　　2　주어진 말을 사용하시오. (a skater, tall)
　　　3　줄임말을 사용하지 마시오.

> This is Jina Lee. (1)_______________
> (2)_______________ (3)_______________
> But she skates very well.

일반동사

A 일반동사는 be동사와 조동사를 제외한 모든 동사로, 주어의 동작이나 상태를 나타낸다.

I **have** a big room. 〈상태〉
We **watch** TV in the evening. 〈동작〉

B 일반동사의 현재형은 현재의 상태, 반복적인 습관, 일반적인 사실 등을 나타낼 때 쓴다.

I **live** in Canada.
Julie **eats** fruit every morning.
Water **boils** at 100℃.

> 현재형은 반복적인 습관을 나타내는 말과 함께 자주 쓴다.
> Dan **goes** to school *at 7:30*
> I **ride** my bike *on weekends*.

C 주어가 3인칭 단수(he, she, it, 또는 단수명사)일 때는 동사원형에 -(e)s를 붙인다.

대부분의 동사	+ -**s**	eat → eat**s**　　work → work**s**　　like → like**s**
-o, -s, -ch, -sh, -x로 끝나는 동사	+ -**es**	go → go**es**　　pass → pass**es**　　teach → teach**es** wash → wash**es**　　fix → fix**es**
「자음+y」로 끝나는 동사	y → i + -**es**	fly → fl**ies**　　study → stud**ies**　　try → tr**ies**
예외		have → **has**

I have long black hair. My sister **has** brown hair.
He **studies** Chinese. His friends study Japanese.

1 일반동사의 **3인칭 단수 현재형 쓰기**

e.g.	clean	→ cleans			
1	live	→	**8**	talk	→
2	brush	→	**9**	miss	→
3	do	→	**10**	study	→
4	say	→	**11**	watch	→
5	make	→	**12**	take	→
6	mix	→	**13**	try	→
7	hurry	→	**14**	have	→
			15	stay	→

2 일반동사 현재형 쓰기

e.g.	walk	나는 걷는다 → I ___walk___	그는 걷는다 → he ___walks___
1	have	너는 가지고 있다 → you __________	그녀는 가지고 있다 → she __________
2	go	우리는 간다 → we __________	James는 간다 → James __________
3	drink	그들은 마신다 → they __________	그 소녀는 마신다 → the girl __________
4	cry	그 아기들은 운다 → the babies __________	그 아기는 운다 → the baby __________
5	teach	Tina는 가르친다 → Tina __________	부모는 가르친다 → parents __________
6	play	그 아이들은 논다 → the children __________	그 아이는 논다 → the child __________
7	worry	Nick은 걱정한다 → Nick __________	사람들은 걱정한다 → people __________

3 일반동사 현재형 형태 적용하기

보기	do	fly	drink	close	pass

1 우리는 매일 아침 우유를 마신다.

→ We __________ milk every morning.

2 그는 매일 오후 5시에 여기를 지나간다.

→ He __________ by here at 5 p.m. every day.

3 독수리는 하늘 높이 난다.

→ An eagle __________ high in the sky.

4 그 가게는 밤 10시에 문을 닫는다.

→ The store __________ at 10 p.m.

5 Emily와 John은 저녁에 숙제를 한다.

→ Emily and John __________ their homework in the evening.

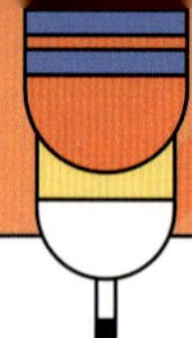

영작 기본 훈련

| e.g. | smile | ⓐ 그는 그녀에게 **미소 짓는다.** | He ___smiles___ at her. |
| | | ⓑ 나는 **그녀에게 미소 짓는다.** | I ___smile___ ___at___ ___her___ . |

1 go

ⓐ 그는 체육관에 **간다.**　　He __________ to the gym.

ⓑ 너는 **체육관에 간다.**　　You __________ __________ __________ __________ .

2 wash

ⓐ 우리는 식사 전에 손을 **씻는다.**　　We __________ our hands before meals.

ⓑ 그녀는 식사 전에 **손을 씻는다.**　　She __________ __________ __________ before meals.

3 fix

ⓐ 그들은 자동차를 **고친다.**　　They __________ cars.

ⓑ Jeremy는 **자동차를 고친다.**　　Jeremy __________ __________ .

4 read

ⓐ Max는 영어책을 **읽는다.**　　Max __________ English books.

ⓑ Max와 그의 형은 **영어책을 읽는다.**　　Max and his brother __________ __________ __________ .

5 study

ⓐ 그 소년은 매일 수학을 **공부한다.**　　The boy __________ math every day.

ⓑ 그 학생들은 매일 **수학을 공부한다.**　　The students __________ __________ every day.

6 drive

ⓐ 그 남자는 매우 안전하게 **운전한다.**　　The man __________ very safely.

ⓑ 그 남자들은 **매우 안전하게 운전한다.**　　The men __________ __________ __________ .

7 have

ⓐ 나는 스케이트보드를 **가지고 있다.**　　I __________ a skateboard.

ⓑ Amy는 **스케이트보드를 가지고 있다.**　　Amy __________ __________ __________ .

STEP **2** 영작 완성하기

1 Sonny는 항상 최선을 다한다. (try)

→ Sonny always ___________ his best.

2 그녀는 인터넷에서 그녀의 옷을 산다. (buy)

→ She ___________ her clothes on the Internet.

3 Sandra는 주말마다 그녀의 조부모님을 찾아뵙는다. (visit)

→ Sandra ___________ her grandparents on weekends.

4 그 소년은 자전거를 타고 학교에 간다. (go)

→ ___________ ___________ ___________ to school by bike.

5 그녀의 친구들은 매일 요가를 한다. (do)

→ ___________ ___________ ___________ yoga every day.

STEP **3** 배열 영작하기

1 나는 나의 부모님을 무척 사랑한다. very much, love, I, parents, my

→ ____

2 그녀는 매일 아침 산책을 한다. a walk, takes, every morning, she

→ ____

3 나의 삼촌은 고등학교에서 과학을 가르친다. science, teaches, my uncle, at a high school

→ ____

4 그들은 극장에서 영화를 본다. movies, they, in the theater, watch

→ ____

5 나의 언니는 방과 후에 바이올린을 연습한다. the violin, my sister, after school, practices

→ ____

일반동사 현재형의 부정문은 동사원형 앞에 do not이나 does not을 써서 만든다.

주어	부정문	
I, you, we, they, 복수명사	do not(don't)+동사원형	I **like** horror movies. ↓ I **do not** like horror movies. (= don't)
he, she, it, 단수명사	does not(doesn't)+동사원형	He **likes** horror movies. ↓ He **does not** like horror movies. (= doesn't)

┄┄> does not 뒤에는 반드시 동사원형을 쓴다.

1 일반동사의 부정문으로 바꿔 쓰기

1 You like hip-hop music.

→ You ______ ______ hip-hop music.

2 Brian plays computer games every night.

→ Brian ______ ______ computer games every night.

3 Many schools start at 9 a.m.

→ Many schools ______ ______ at 9 a.m.

4 Emma eats breakfast.

→ Emma ______ ______ breakfast.

2 일반동사의 부정문 형태 적용하기 (줄임말로 쓸 것)

1 그는 자동차를 운전하지 않는다. (drive)

→ He __________ __________ a car.

2 그 학생들은 운동하지 않는다. (exercise)

→ The students __________ __________.

3 Joan은 아침 일찍 일어나지 않는다. (get up)

→ Joan __________ __________ __________ early in the morning.

 일반동사의 의문문

일반동사 현재형의 의문문은 「Do/Does+주어+동사원형 ~?」의 형태로 쓴다.

주어	의문문	
I, you, we, they, 복수명사	Do+주어+동사원형 ~?	You **need** my help. ↓ **Do** you **need** my help?
he, she, it, 단수명사	Does+주어+동사원형 ~?	She **needs** my help. ↓ **Does** she **need** my help?

→ Does 뒤에는 반드시 동사원형을 쓴다.

Do you **like** ice cream?   - Yes, I do. / No, I don't.
Does he **live** in Korea?   - Yes, he does. / No, he doesn't.

---

1 일반동사의 의문문으로 바꿔 쓰기

1   John watches sad movies.

→ _________ John _________ sad movies?

2   Ms. Kim teaches math.

→ _________ Ms. Kim _________ math?

3   Dogs have tails.

→ _________ dogs _________ tails?

---

2 일반동사의 의문문 만들고 답하기

1   너는 Bill을 아니? (know)

→ _________ _________ _________ Bill?   - Yes, _________ _________.

2   그녀는 빠르게 말하니? (speak)

→ _________ _________ _________ fast?   - No, _________ _________.

3   그들은 늦게까지 깨어있니? (stay)

→ _________ _________ _________ up late?   - No, _________ _________.

4   Peter는 은행에서 일하니? (work)

→ _________ _________ _________ at a bank?   - Yes, _________ _________.

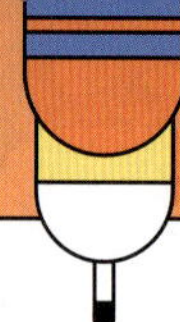

STEP 1 일반동사 부정문·의문문 비교하기 (부정문은 줄임말로 쓸 것)

1 read

ⓐ 나는 소설을 **읽지 않는다.**
I _________ _________ novels.

ⓑ 그녀는 소설을 **읽지 않는다.**
She _________ _________ novels.

2 stop

ⓐ 그 버스는 여기에 **정차하지 않는다.**
The bus _________ _________ here.

ⓑ 그 버스들은 여기에 **정차하지 않는다.**
The buses _________ _________ here.

3 study

ⓐ 그는 일본어를 **공부하지 않는다.**
He _________ _________ Japanese.

ⓑ 그들은 일본어를 **공부하지 않는다.**
They _________ _________ Japanese.

4 eat

ⓐ Kevin은 버섯을 **먹지 않는다.**
Kevin _________ _________ mushrooms.

ⓑ 우리는 버섯을 **먹지 않는다.**
We _________ _________ mushrooms.

5 need

ⓐ 너는 시간이 더 **필요하니?**
_________ _________ _________ more time?

ⓑ 그는 시간이 더 **필요하니?**
_________ _________ _________ more time?

6 want

ⓐ **그녀는** 마실 것을 **원하니?**
_________ _________ _________ a drink?

ⓑ **너희들은** 마실 것을 **원하니?**
_________ _________ _________ a drink?

7 play

ⓐ **Sam은** 일요일마다 테니스를 **치니?**
_________ _________ _________ tennis on Sundays?

ⓑ **그들은** 일요일마다 테니스를 **치니?**
_________ _________ _________ tennis on Sundays?

8 live

ⓐ **Kate는** 런던에 **사니?**
_________ _________ _________ in London?

ⓑ **Kate와 Brad는** 런던에 **사니?**
_________ _________ _________ _________ in London?

STEP **2** 영작 완성하기

| 보기 | go　　　　use　　　　talk　　　　take　　　　feed |

1　Linda가 그 고양이에게 먹이를 주니?

→ ___________ ___________ ___________ the cat?

2　나는 낮잠을 안 잔다.

→ ___________ ___________ ___________ naps.

3　너는 부모님과 대화를 많이 하니?

→ ___________ ___________ ___________ a lot with your parents?

4　그들은 아침마다 조깅을 하러 가니?

→ ___________ ___________ ___________ jogging every morning?

5　Josh는 학교에서 휴대 전화를 사용하지 않는다.

→ ___________ ___________ ___________ his cell phone at school.

STEP **3** 배열 영작하기

1　너는 매일 너의 이메일을 확인하니?　check, you, your email, do

→ ____ every day?

2　나의 이모는 반려동물을 키우지 않는다.　have, any pets, doesn't, my aunt

→ ____

3　Julia와 나는 교복을 입지 않는다.　don't, school uniforms, Julia and I, wear

→ ____

4　그 박물관은 일요일에 여나요?　the museum, on Sundays, open, does

→ ____

5　그 슈퍼마켓은 빵을 파나요?　sell, the supermarket, does, bread

→ ____

집중 훈련 **1** 틀린 부분 고치기
어법상 틀린 부분을 찾아 바르게 고치시오.

집중 훈련 **2** 영작 완성하기
주어진 말을 활용하여 문장을 완성하시오.

01
> Jack and Helen lives in the same town.
> Jack과 Helen은 같은 동네에 산다.

__________ → __________

02
> My sister don't go to bed late.
> 나의 누나는 늦게 잠자리에 들지 않는다.

__________ → __________

03
> Mr. Pitt teach history.
> Pitt 선생님은 역사를 가르친다.

__________ → __________

04
> Are the birds fly south in winter?
> 그 새들은 겨울에 남쪽으로 날아가나요?

__________ → __________

05
> Tom and Jim doesn't watch TV at night.
> Tom과 Jim은 밤에 TV를 보지 않는다.

__________ → __________

06
> Does she wants cereal for lunch?
> 그녀는 점심 식사로 시리얼을 원하니?

__________ → __________

07
> Is Rachel wash the dishes every night?
> Rachel은 매일 밤 설거지를 하니?

__________ → __________

08 그녀는 금요일마다 과학을 공부한다. (study, science)

→ ________________________ on Fridays.

09 나는 안경을 쓰지 않는다. (wear)

→ ________________________ glasses.

10 그 학생은 그 질문을 이해하지 못한다. (understand)

→ ________________________

the question.

11 그는 매일 저녁 샤워를 한다. (take a shower)

→ ________________________ every
evening.

12 그들은 채소를 자주 먹지 않는다. (eat, vegetables)

→ ________________________ often.

13 Joe는 주말에 일하니? (work)

→ ________________________ on weekends?

14 네 친구들은 매운 음식을 좋아하니? (like)

→ ________________________ spicy food?

집중 훈련 3 통문장 영작하기
주어진 말을 활용하여 영작하시오.

집중 훈련 4 조건 영작하기
우리말과 의미가 같도록 〈조건〉에 맞게 영작하시오.

15 Jamie는 요리하는 것을 즐긴다. (enjoy, cooking)

→ ________________________________

16 Sarah는 자전거를 가지고 있니? (have, a bike)

→ ________________________________

17 Lora는 걸어서 학교에 간다. (go to school, on foot)

→ ________________________________

18 그들은 그녀의 이름을 모른다. (know)

→ ________________________________

19 네 부모님은 영어를 말하시니? (parents, speak)

→ ________________________________

20
A Tim은 매일 그의 방을 청소하니?
　　(clean, every day)
B Yes, he does.

→ ________________________________

21
A What do doctors and nurses do at the hospital?
B 그들은 아픈 사람들을 돕는다.
　　(sick people)

→ ________________________________

22 그녀는 일요일에 일찍 일어나지 않는다.

조건 1 주어진 말을 사용할 것
　　　(get up, early, on Sundays)
　　 2 줄임말을 사용할 것

→ ________________________________

23 Chris는 스케치북 두 개를 가지고 있다.

조건 1 주어진 말을 사용할 것
　　　(have, sketchbooks)
　　 2 필요시 형태를 변형할 것
　　 3 4단어의 문장으로 쓸 것

→ ________________________________

24 그 기차는 터널을 통과해 지나간다.

조건 1 괄호 안에 주어진 말을 사용할 것
　　　(the tunnel, pass through)
　　 2 필요시 형태를 바꿀 것
　　 3 6단어로 쓸 것

→ ________________________________

25 그는 매일 도서관에 가니?

조건 1 the library과 every day를 사용할 것
　　 2 8단어의 문장으로 쓸 것

→ ________________________________

서술형 **1**　(6점, 각 2점)

다음 문장을 지시대로 바꿔 쓰시오.

> You study hard at school.

(1) 부정문: ___________________________

(2) 의문문: ___________________________

(3) 주어 교체: He ___________________________.

서술형 **2**　(4점, 각 2점)

그림을 보고, 〈보기〉에서 알맞은 말을 골라 문장을 완성하시오.

보기	help	cook	dinner

(1) My father ___________ ___________ for my family every day.

(2) My brother and I ___________ my father on weekends.

서술형 **3**　(8점, 각 2점)

Jenny의 주말 일과표를 보고, 문장을 완성하시오.

8:00 a.m.	go for a walk
9:00 a.m.	have breakfast
10:00 a.m.	play with my friends
12:00 p.m.	take a guitar lesson

(1) Jenny ___________________ at 8:00 a.m.

(2) Jenny ___________________ at 9:00 a.m.

(3) Jenny ___________________ at 10:00 a.m.

(4) Jenny ___________________ at 12:00 p.m.

서술형 **4**　(4점)

우리말과 의미가 같도록 〈조건〉에 맞게 영작하시오.

> 그 서점은 어린이 책을 판매하나요?

조건 1 주어진 말을 사용하시오.
　　　(the bookstore, sell, children's books)
　　2 6단어의 문장으로 서술하시오.

→ ___________________________________

서술형 **5**　(3점)

①~④ 중 어법상 틀린 부분을 찾아 바르게 고쳐 쓰시오.

> My family goes camping once a month. My father ①loves fishing. My mother ②enjoys reading. My sister and I ③swims in the river. We always ④have a great time!

___________ → ___________

서술형 **6** NEW　(5점, 각 1점)

인물 정보를 보고, 주어진 말을 활용하여 친구를 소개하는 글을 완성하시오.

나이	14
사는 곳	Los Angeles
형제·자매	one brother
취미	badminton

> James is my friend. He (1) ___________ 14 years old. He (2) ___________ in Los Angeles.
> 　　　　(be)　　　　　　　　(live)
> He (3) ___________ one brother. He (4) ___________
> 　　(have)
> ___________________ a sister. He
> 　　(have)
> (5) ___________________ on weekends.
> 　　(play)

과거시제

① be동사의 과거형과 부정문

A be동사의 과거형은 '~이었다, ~(에) 있었다'라는 의미로 과거의 상태를 나타내며, 주어에 따라 was나 were로 쓴다.

주어	be동사의 과거형	
I, he, she, it, 단수명사	was	I **was** sick yesterday.
you, we, they, 복수명사	were	We **were** busy last week.

> **TIP** 과거시제는 yesterday, last week, in 2015, two days ago 등과 같이 과거를 나타내는 말과 함께 자주 쓰인다.

B be동사 과거형의 부정문은 was나 were 뒤에 not을 써서 나타낸다.

주어	부정문	
I, he, she, it, 단수명사	was + not	Tom **was** **not** tired. (= wasn't)
you, we, they, 복수명사	were + not	They **were** **not** in the library. (= weren't)

1 be동사 과거형 문장으로 바꿔 쓰기

1 I am at the restaurant.　　→ I ___________ at the restaurant.

2 The news is true.　　→ The news ___________ true.

3 The nurses are nice to us.　　→ The nurses ___________ nice to us.

4 The boy is happy.　　→ The boy ___________ happy.

2 be동사 과거형의 부정문 형태 적용하기

1 그는 학교에 지각하지 않았다.

→ ___________ ___________ ___________ late for school.

2 그들은 경찰관이 아니었다.

→ ___________ ___________ ___________ police officers.

3 Sally는 한 시간 전에 공원에 있지 않았다.

→ ___________ ___________ in the park an hour ago.

4 그 학생들은 매우 졸리지 않았다.

→ ___________ ___________ ___________ very sleepy.

 2 be동사 과거형의 의문문

be동사 과거형의 의문문은 was나 were를 주어 앞으로 보내서 만든다.

주어	의문문
I, he, she, it, 단수명사	Was + 주어 ~?
you, we, they, 복수명사	Were + 주어 ~?

She **was** at home last weekend.
→ **Was** she at home last weekend?

You **were** 13 years old last year.
→ **Were** you 13 years old last year?

Was John in his room?   - Yes, he was. / No, he wasn't.
Were the babies hungry?   - Yes, they were. / No, they weren't.

1 be동사 과거형의 의문문 형태 익히기

1 너희들은 같은 버스에 있었니?   → ___________ you on the same bus?

2 그것은 책상 밑에 있었니?   → ___________ it under the desk?

3 그녀는 작년에 최우수 선수였니?   → ___________ she the best player last year?

4 그들은 어젯밤에 피곤했니?   → ___________ they tired last night?

2 be동사 과거형의 의문문 만들고 답하기

1 Tom was at the cafe.
→ ________ ________ at the cafe?
Yes, ________ ________.   No, ________ ________.

2 You and Jane were busy yesterday.
→ ________ ________ ________ ________ busy yesterday?
Yes, ________ ________.   No, ________ ________.

3 The books were on the table.
→ ________ ________ ________ on the table?
Yes, ________ ________.   No, ________ ________.

4 The movie was interesting.
→ ________ ________ interesting?
Yes, ________ ________.   No, ________ ________.

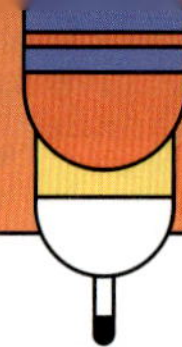

STEP 1 be동사의 현재형과 과거형 비교하기 (부정문은 줄임말로 쓸 것)

1
ⓐ 나는 지금 중국에 있다.
_______________ _______________ in China now.

ⓑ 나는 지난달에 중국에 있었다.
_______________ _______________ _______________ _______________ last month.

2
ⓐ 그들은 무용수니?
_______________ _______________ dancers?

ⓑ 그들은 2년 전에 무용수였니?
_______________ _______________ _______________ two years ago?

3
ⓐ 이번 겨울은 춥지 않다.
It _______________ cold this winter.

ⓑ 지난 겨울은 춥지 않았다.
_______________ _______________ _______________ last winter.

4
ⓐ 그 공원은 항상 깨끗하다.
The park _______________ always clean.

ⓑ 그 공원은 오늘 아침에 깨끗했다.
The park _______________ _______________ this morning.

5
ⓐ 우리는 지금 학교에 없다.
_______________ _______________ at school now.

ⓑ 우리는 2020년에 학교에 없었다.
_______________ _______________ _______________ _______________ in 2020.

6
ⓐ 그 남자는 수영 선수가 아니다.
The man _______________ a swimmer.

ⓑ 그 남자는 수영 선수가 아니었다.
_______________ _______________ _______________ a swimmer.

7
ⓐ 그 노래는 인기 있니?
_______________ the song popular?

ⓑ 그 노래는 과거에 인기 있었니?
_______________ _______________ _______________ popular in the past?

8
ⓐ 너는 그 파티에 있니?
_______________ _______________ at the party?

ⓑ 너는 어제 그 파티에 있었니?
_______________ _______________ at the party yesterday?

STEP **2** 영작 **완성하기**

e.g. 지난 금요일에는 바람이 불었다.

→ It ___was___ windy ___last___ ___Friday___ .

1 이 나무들은 작년에 매우 작았다.

→ These trees __________ very small __________ __________ .

2 나는 어젯밤에 너에게 화가 나지 않았다.

→ __________ __________ angry with you __________ __________ .

3 그들은 오늘 아침에 체육관에 있었니?

→ __________ __________ at the gym __________ __________ ?

4 Kevin은 한 시간 전에 여기에 없었다.

→ Kevin __________ __________ here __________ __________ __________ .

5 Kate는 2023년에 초등학생이었니?

→ __________ __________ an elementary school student __________ __________ ?

보기
in 2023
last year
last night
~~last Friday~~
this morning
one hour ago

STEP **3** 배열 **영작하기**

1 Sally와 나는 작년에 반 친구였다. classmates, I, last year, were, and

→ Sally ____ .

2 그 화가들은 10년 전에 유명하지 않았다. famous, not, the artists, were

→ ____ 10 years ago.

3 Michael은 어젯밤에 영화관에 있지 않았다. at the theater, not, last night, was

→ Michael ____ .

4 너는 어제 아팠니? you, yesterday, sick, were

→ ____

5 그 여자는 2015년에 부유했니? the woman, in 2015, rich, was

→ ____

일반동사의 과거형은 '~하였다'라는 의미로 과거에 일어난 일을 나타낸다. 보통 동사원형에 -(e)d를 붙이며, 형태가 불규칙하게 변하는 동사도 있다.

I **visited** my grandparents last weekend.
She **saw** a famous actor yesterday.

규칙 변화	대부분의 동사	+ -ed	help → help**ed**	play → play**ed**
	-e로 끝나는 동사	+ -d	like → like**d**	move → move**d**
	「자음+y」로 끝나는 동사	y → i + -ed	cry → cr**ied**	study → stud**ied**
	「단모음+단자음」으로 끝나는 동사	자음 추가 + -ed	stop → stop**ped**	plan → plan**ned**

불규칙 변화	have → **had**	do → **did**	go → **went**	come → **came**	buy → **bought**
	see → **saw**	eat → **ate**	make → **made**	give → **gave**	write → **wrote**
	meet → **met**	get → **got**	take → **took**	catch → **caught**	sleep → **slept**
	begin → **began**	run → **ran**	know → **knew**	lose → **lost**	win → **won**

현재형과 과거형이 같은 동사	read → **read**	cut → **cut**	put → **put**

TIP 일반동사의 과거형은 주어의 인칭과 수에 따라 형태가 변하지 않는다.

1 일반동사 과거형 형태 익히기

1 live | 우리는 여기에 살았다. → We __________ here.

2 write | 지훈이는 소설 한 편을 썼다. → Jihoon __________ a novel.

3 drop | 그 요리사는 달걀을 떨어뜨렸다. → The cook __________ an egg.

4 cry | 누군가 어젯밤에 울었다. → Someone __________ last night.

5 play | 그 아이들은 공을 가지고 놀았다. → The children __________ with a ball.

2 일반동사 과거형 문장으로 바꿔 쓰기

1 I study Spanish. → I __________ Spanish in 2023.

2 Steve reads comic books. → Steve __________ comic books yesterday.

3 They drink orange juice. → They __________ orange juice this morning.

4 Emma cooks dinner for us. → Emma __________ dinner for us last Friday.

 4 일반동사 과거형의 부정문과 의문문

일반동사 과거형의 부정문과 의문문은 주어의 인칭과 수에 관계없이 did를 써서 만든다.

일반동사 과거형의 부정문	did not(didn't)+동사원형	We **played** soccer after school. ↓ We **didn't** play soccer after school.
일반동사 과거형의 의문문	Did+주어+동사원형 ~?	You **went** to the gym yesterday. ↓ **Did** you **go** to the gym yesterday? - Yes, I did. / No, I didn't.

1 일반동사 과거형과 부정문 형태 익히기 (줄임말로 쓸 것)

1 run
너는 빨리 달렸다. → You ___________ fast.
너는 빨리 달리지 않았다. → You ___________ ___________ fast.

2 sleep
그는 어젯밤에 잘 잤다. → He ___________ well last night.
그는 어젯밤에 잘 자지 못했다. → He ___________ ___________ well last night.

3 take
그녀는 사진을 찍었다. → She ___________ photos.
그녀는 사진을 찍지 않았다. → She ___________ ___________ photos.

4 stop
그 기차는 역에서 멈췄다. → The train ___________ at the station.
그 기차는 역에서 멈추지 않았다. → The train ___________ ___________ at the station.

2 일반동사 과거형의 의문문 만들고 답하기

1 그들은 그 경기에서 이겼니? (win)

→ ___________ ___________ ___________ the game? - Yes, ___________ ___________.

2 Lisa는 오늘 아침에 사과를 먹었니? (eat)

→ ___________ ___________ ___________ an apple this morning? - No, ___________ ___________.

3 너는 우리에게 거짓말을 했니? (lie)

→ ___________ ___________ ___________ to us? - No, ___________ ___________.

4 그는 Jenny와 함께 여기에 왔니? (come)

→ ___________ ___________ ___________ here with Jenny? - Yes, ___________ ___________.

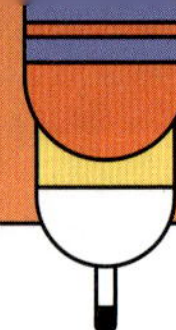

영작 기본 훈련

STEP 1 일반동사의 현재형과 과거형 **비교하기** (부정문은 줄임말로 쓸 것)

1 get up

ⓐ 나는 매일 아침 일찍 **일어난다.**
I ___________ ___________ early every morning.

ⓑ 나는 어제 일찍 **일어났다.**
I ___________ ___________ early yesterday.

2 eat

ⓐ Dan은 패스트푸드를 자주 **먹는다.**
Dan ___________ fast food often.

ⓑ Dan은 패스트푸드를 자주 **먹었다.**
Dan ___________ fast food often.

3 go out

ⓐ 그들은 밤에 **나가지 않는다.**
They ___________ ___________ ___________ at night.

ⓑ 그들은 어젯밤에 **나가지 않았다.**
They ___________ ___________ ___________ last night.

4 exercise

ⓐ 너는 매일 **운동하니?**
___________ ___________ ___________ every day?

ⓑ 너는 어제 **운동했니?**
___________ ___________ ___________ yesterday?

5 ride

ⓐ Betty는 주말에 자전거를 **탄다.**
Betty ___________ her bike on weekends.

ⓑ Betty는 며칠 전에 자전거를 **탔다.**
Betty ___________ her bike a few days ago.

6 make

ⓐ 그는 매일 아침 침대를 **정리하니?**
___________ ___________ ___________ his bed every morning?

ⓑ 그는 오늘 아침 침대를 **정리했니?**
___________ ___________ ___________ his bed this morning?

7 drink

ⓐ 우리는 자주 우유를 **마시지 않는다.**
We ___________ ___________ milk often.

ⓑ 우리는 어제 우유를 **마시지 않았다.**
We ___________ ___________ milk yesterday.

8 bake

ⓐ 그녀는 일요일마다 빵을 **굽니?**
___________ ___________ ___________ bread on Sundays?

ⓑ 그녀는 지난 일요일에 빵을 **구웠니?**
___________ ___________ ___________ bread last Sunday?

STEP **2** 영작 완성하기

1 나의 친구들은 사흘 전에 바닷가에 갔다. (go)

→ ___________ ___________ ___________ to the beach three days ago.

2 나는 지난주에 피아노 연습을 하지 않았다. (practice)

→ ___________ ___________ ___________ the piano last week.

3 Jake는 그의 보고서를 끝냈니? (finish)

→ ___________ ___________ ___________ his report?

4 나의 여동생은 양손으로 공을 잡았다. (catch)

→ ___________ ___________ ___________ the ball with her hands.

5 너희들은 그 콘서트 표를 구했니? (get)

→ ___________ ___________ ___________ the concert tickets?

STEP **3** 배열 영작하기

1 그 버스는 어젯밤에 늦게 도착했니?　late, the bus, arrive, did

→ ____ last night?

2 Ben은 어제 그가 가장 좋아하는 배우를 보았다.　yesterday, his favorite actor, saw

→ Ben ____.

3 Andy는 2년 전에 이 도시에 살았니?　in this city, Andy, live, did

→ ____ two years ago?

4 그는 그 문제에 대한 답을 알지 못했다.　did, the answer, he, know, not

→ ____ to the question.

5 우리는 슈퍼마켓에서 아무것도 사지 않았다.　at the supermarket, we, buy, didn't, anything

→ ____

집중 훈련 1 틀린 부분 고치기
어법상 <u>틀린</u> 부분을 찾아 바르게 고치시오.

집중 훈련 2 영작 완성하기
주어진 말을 활용하여 문장을 완성하시오.

01
Mina and I was not in the same class last year.
미나와 나는 작년에 같은 반이 아니었다.

______ → ______

02
My first class begined at ten yesterday morning.
나의 첫 수업은 어제 아침 10시에 시작했다.

______ → ______

03
The boy reads two books last Sunday.
그 소년은 지난 일요일에 책 두 권을 읽었다.

______ → ______

04
Did Julie tired yesterday?
Julie는 어제 피곤했니?

______ → ______

05
I wasn't go to the hospital yesterday.
나는 어제 병원에 가지 않았다.

______ → ______

06
Did he made this cake for us?
그가 우리를 위해 이 케이크를 만들었니?

______ → ______

07
Nick had not breakfast two days ago.
Nick은 이틀 전에 아침을 먹지 않았다.

______ → ______

08 그 고양이는 의자 밑에 없었다. (the cat, be)

→ ______________________ under the chair.

09 Jane은 어제 학교에 걸어갔다. (walk to school)

→ ______________________ yesterday.

10 그는 시험을 위해 열심히 공부하지 않았다.
(study, hard)

→ ______________________ for his exam.

11 너와 너의 여동생은 지난 주말에 바빴니? (sister, busy)

→ ______________________
last weekend?

12 그녀는 두 달 전에 유럽을 여행했니? (travel to Europe)

→ ______________________ two months ago?

13 Ken은 나에게 꽃 몇 송이를 주었다. (give)

→ ______________________ some flowers.

14 Smith 씨 부부는 지난주에 부산에 없었다.
(in Busan, last week)

→ Mr. and Mrs. Smith ______________________

______________________ .

집중 훈련 3 통문장 영작하기

주어진 말을 활용하여 영작하시오.

15 그 자동차는 우리 집 근처에서 멈췄다.
(stop, near my house)

→ _______________________________________

16 Karen은 방과 후에 그녀의 친구들을 만났다.
(meet, after school)

→ _______________________________________

17 그들은 2년 전에 서울에 있었니? (in Seoul, ago)

→ _______________________________________

18 날씨가 좋지 않았다. (the weather, nice)

→ _______________________________________

19 그는 어젯밤에 이를 닦지 않았다.
(brush his teeth, last night)

→ _______________________________________

20

> **A** <u>너는 나의 이메일을 읽었니?</u> (read, my email)
> **B** Yes, I did.

→ _______________________________________

21

> **A** Why did Jason leave early?
> **B** Oh, he was sick. <u>그는 감기에 걸렸어.</u>
> (catch a cold)

→ _______________________________________

집중 훈련 4 조건 영작하기

우리말과 의미가 같도록 〈조건〉에 맞게 영작하시오.

22 그 시험들은 어려웠니?

> 조건 **1** 주어진 말을 사용할 것
> (the tests, difficult)
> **2** 과거시제로 쓸 것
> **3** 4단어의 문장으로 쓸 것

→ _______________________________________

23 그녀는 일주일 전에 내 머리카락을 잘라 주었다.

> 조건 **1** 주어진 말을 사용할 것
> (cut, hair, a week ago)
> **2** 필요시 형태를 변형할 것
> **3** 7단어의 문장으로 쓸 것

→ _______________________________________

24 그들은 어제 함께 점심을 먹었니?

> 조건 **1** 괄호 안에 주어진 단어를 사용할 것
> (have, lunch, together)
> **2** 필요한 단어를 추가하여 6단어로 쓸 것

→ _______________________________________

25 그는 숙제를 하지 않았다.

> 조건 **1** 다음 주어진 표현을 반드시 사용할 것
> (do, his homework)
> **2** 줄임말을 쓸 것

→ _______________________________________

서술형 실전 TEST

서술형 1　(3점, 각 1점)

다음 문장을 지시대로 바꿔 쓰시오.

> The students were kind and smart.

(1) 부정문: _______________________

(2) 의문문: _______________________

(3) 주어 교체: The student _______________________.

서술형 2　NEW　(6점, 각 3점)

그림을 보고, 주어진 말을 활용하여 〈보기〉와 같이 대화를 완성하시오.

보기 

A Did you visit the zoo last Friday?
B No, I didn't. I visited my grandparents.

A (1) _______________________ some flowers? (buy)
B No, I didn't. (2) _______________________
(buy, some fruit)

서술형 3　(6점, 각 2점)

다음 글의 밑줄 친 문장을 과거시제로 바꿔 쓰시오.

> (1) David is my classmate. (2) We play soccer after school. (3) We are always happy together. Sadly, he moved to another city. But he is still my good friend.

(1) _______________________

(2) _______________________

(3) _______________________

서술형 4　NEW　(4점, 각 2점)

민호의 어제 일과를 보고, 민호가 한 일과 하지 않은 일을 각각 쓰시오.

| (1) | 어제 한 일 | read a book |
| (2) | 어제 하지 않은 일 | practice the violin |

(1) Minho _______________________.

(2) Minho _______________________.

서술형 5　(3점)

①~⑤ 중 어법상 틀린 부분을 찾아 바르게 고쳐 쓰시오.

> My mother and I ①walked along the river last night. My mother ②meeted her friend there. She ③talked with her friend for a long time. I just ④waited. I ⑤was really bored.

_______________________ → _______________________

서술형 6　NEW　(8점, 각 2점)

다음 일기의 밑줄 친 우리말 부분을 〈보기〉에 주어진 말을 활용하여 영작하시오.

> My family (1)박물관에 갔다 yesterday. We (2)많은 그림들을 보았다 there. We (3)샌드위치를 먹었다 for lunch. Yesterday (4)즐거운 하루였다.

| 보기 | eat sandwiches | go to a museum |
| | see many paintings | be a fun day |

(1) _______________________

(2) _______________________

(3) _______________________

(4) _______________________

현재진행형과 미래시제

A 현재진행형은 '~하는 중이다, ~하고 있다'라는 의미로 현재 일어나고 있는 일을 나타내며, 「be동사의 현재형(am/are/is)+동사원형-ing」 형태로 쓴다.

| 현재형 | She **drinks** milk every day. |
| 현재진행형 | She **is drinking** milk now. |

B 동사원형-ing 만드는 법

대부분의 동사	동사원형+ -ing	sing → sing**ing**	play → play**ing**
「자음+e」로 끝나는 동사	e를 빼고+ -ing	dance → danc**ing**	come → com**ing**
「단모음+단자음」으로 끝나는 동사	자음 추가+ -ing	run → run**ning**	swim → swim**ming**
-ie로 끝나는 동사	ie를 y로 바꾸고+ -ing	lie → l**ying**	tie → t**ying**

1 동사원형-ing로 만들기

1	smile	→		5	ride	→	
2	sit	→		6	write	→	
3	work	→		7	win	→	
4	die	→		8	close	→	

2 현재진행형 형태 적용하기

1 나의 할머니는 케이크를 굽고 계신다. (bake)

→ My grandmother ___________ ___________ a cake.

2 몇몇 아이들이 풀밭에서 달리고 있다. (run)

→ Some children ___________ ___________ on the grass.

3 Tom은 영화를 보고 있다. (watch)

→ ___________ ___________ ___________ a movie.

4 Jane은 나무 밑에 앉아 있다. (sit)

→ ___________ ___________ ___________ under the tree.

 2 현재진행형의 부정문과 의문문

현재진행형의 부정문은 be동사 뒤에 not을 써서 나타내고, 의문문은 be동사를 주어 앞으로 보내서 만든다.

현재진행형의 부정문	be동사의 현재형(am/are/is)+not +동사원형-ing	I **am having** dinner. ↓ I **am not having** dinner.
현재진행형의 의문문	Be동사의 현재형(Am/Are/Is)+주어 +동사원형-ing ~?	Fred **is waiting** for the bus. ↓ **Is** Fred **waiting** for the bus? - Yes, he is. / No, he isn't.

TIP 동사 have는 '가지고 있다'라는 뜻일 때는 진행형으로 쓸 수 없지만, '먹다, 마시다'라는 뜻일 때는 진행형으로 쓸 수 있다.

I'**m having** breakfast. (○)   I'm having a book. (×)

---

1 현재진행형의 부정문 형태 익히기

1　lie　　나는 침대에 누워 있지 않다.　　→ I __________ __________ __________ on the bed.

2　snow　　밖에는 눈이 내리고 있지 않다.　　→ It __________ __________ __________ outside.

3　plan　　우리는 여행을 계획하고 있지 않다.　　→ We __________ __________ __________ a trip.

4　drive　　그녀는 빠르게 운전하고 있지 않다.　　→ She __________ __________ __________ fast.

2 현재진행형의 의문문 만들고 답하기

1　You are doing your homework.　→ __________ you __________ your homework?

Yes, I __________.　　　　No, __________ __________.

2　She is listening to music.　→ __________ she __________ to music?

Yes, __________ __________.　　　　No, __________ __________.

3　The birds are flying in the sky.　→ __________ __________ __________ __________ in the sky?

Yes, __________ __________.　　　　No, __________ __________.

4　Your brother is playing tennis.　→ __________ __________ __________ __________ tennis?

Yes, __________ __________.　　　　No, __________ __________.

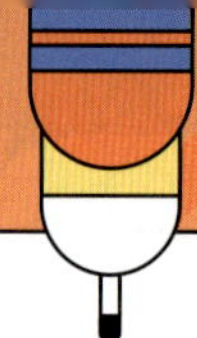

영작 기본 훈련

STEP **1** 현재형과 현재진행형 **비교하기** (부정문은 줄임말로 쓸 것)

1 rain

a 여름에는 **비가** 많이 **내린다.**
It ___________ a lot in summer.

b 지금 **비가** 많이 **내리고 있다.**
It ___________ ___________ a lot now.

2 eat

a 우리는 고기를 **먹지 않는다.**
We ___________ ___________ meat.

b 우리는 고기를 **먹고 있지 않다.**
We ___________ ___________ meat.

3 live

a 그녀는 제주에 **사니?**
___________ she ___________ in Jeju?

b 그녀는 지금 제주에 **살고 있니?**
___________ she ___________ in Jeju now?

4 take

a 그는 항상 사진을 **찍는다.**
He ___________ pictures all the time.

b 그는 지금 사진을 **찍고 있다.**
He ___________ ___________ pictures now.

5 cut

a 목수들은 나무를 **베니?**
___________ the carpenters ___________ down trees?

b 목수들은 나무를 **베고 있니?**
___________ the carpenters ___________ down trees?

6 have

a 나는 매일 가족들과 저녁을 **먹는다.**
I ___________ dinner with my family every day.

b 나는 가족들과 저녁을 **먹고 있다.**
I ___________ ___________ dinner with my family.

7 brush

a Kate는 식사 후에 이를 **닦는다.**
Kate ___________ her teeth after meals.

b Kate는 지금 이를 **닦고 있다.**
Kate ___________ ___________ her teeth now.

8 exercise

a 그는 매일 **운동하지는 않는다.**
He ___________ ___________ every day.

b 그는 지금 **운동하고 있지 않다.**
He ___________ ___________ now.

STEP **2** 영작 **완성하기**

> **e.g.** 내 연이 높이 날고 있다.
> → My kite _____is_____ _____flying_____ high.

1 나는 신발 끈을 묶고 있다.

→ I _____________ _____________ my shoelaces.

2 그는 공원에서 조깅하고 있지 않다.

→ He _____________ _____________ _____________ in the park.

3 그들은 벤치에서 책을 읽고 있다.

→ They _____________ _____________ books on the bench.

4 너는 네 스마트폰을 찾고 있니?

→ _____________ you _____________ _____________ your smartphone?

보기
~~fly~~
read
tie
jog
look for

STEP **3** 배열 **영작하기**

1 한 소년이 그의 신발을 신고 있다. `his shoes, putting on, is`

→ A boy ____.

2 우리는 친구들에게 이메일을 쓰고 있다. `writing, we, emails, are`

→ ____ to our friends.

3 Ted는 지금 사업을 운영하고 있니? `a business, Ted, is, running`

→ ____ now?

4 나는 내 시간을 낭비하고 있지 않다. `not, am, my time, I, wasting`

→ ____

5 Sam은 통화 중이니? `talking, Sam, on the phone, is`

→ ____

3 미래시제 1 | will

「will+동사원형」은 '~일 것이다, ~할 것이다'라는 의미로, 미래에 대한 예측이나 의지를 나타낸다. will은 주어의 인칭과 수에 관계없이 형태가 변하지 않는다.

긍정문	will+동사원형	She **will visit** the city.
부정문	will not(won't)+동사원형	She **will not visit** the city.
의문문	Will+주어+동사원형 ~?	**Will** she **visit** the city? - Yes, she will. / No, she won't.

TIP 미래시제는 tomorrow, tonight, this week, next month, soon 등과 같이 미래의 시점을 나타내는 말과 함께 자주 쓴다.

He **will go** to Jane's birthday party *tomorrow*.

1 will 형태 익히기

1 그녀는 의사가
- 될 것이다. → She _______ be a doctor.
- 되지 않을 것이다. → She _______ _______ _______ a doctor.
- 될 거니? → _______ she _______ a doctor?

2 그는 아침 식사를
- 요리할 것이다. → He _______ cook breakfast.
- 요리하지 않을 것이다. → He _______ _______ breakfast.
- 요리할 거니? → _______ he _______ breakfast?

3 그들은 야구를
- 할 것이다. → They _______ play baseball.
- 하지 않을 것이다. → They _______ _______ baseball.
- 할 거니? → _______ they _______ baseball?

2 will 형태 적용하기

1 나는 현금으로 결제할 것이다. (pay)

→ I _______ _______ with cash.

2 Steve는 그곳에서 이발하지 않을 것이다. (get)

→ Steve _______ _______ _______ a haircut there.

3 너는 내일 자동차를 운전할 거니? (drive)

→ _______ you _______ a car tomorrow?

4 미래시제 2 | be going to

「be going to+동사원형」은 '~할 것이다, ~할 예정이다'라는 의미로, 미래에 대한 예측이나 이미 정해 놓은 미래의 계획을 나타낸다.

긍정문	be동사+going to+동사원형	He **is going to leave** soon.
부정문	be동사+not+going to+동사원형	He **is not** going to leave soon.
의문문	Be동사+주어+going to +동사원형 ~?	**Is** he **going to leave** soon? - Yes, he is. / No, he isn't.

TIP 미래시제를 나타내는 be going to의 be동사는 현재형으로 쓰고, 주어의 인칭과 수에 따라 형태를 바꿔 쓴다.

They **are going to build** a bridge next year.

1 be going to 형태 익히기

1 그는 혼자
- 여행할 것이다. → He __________ __________ __________ travel alone.
- 여행하지 않을 것이다. → He __________ __________ __________ __________ alone.
- 여행할 거니? → __________ he __________ __________ __________ alone?

2 그녀는 그 수업을
- 빠질 것이다. → She __________ __________ __________ skip the class.
- 빠지지 않을 것이다. → She __________ __________ __________ __________ the class.
- 빠질 거니? → __________ she __________ __________ __________ the class?

3 우리는 음식을
- 주문할 것이다. → We __________ __________ __________ order food.
- 주문하지 않을 것이다. → We __________ __________ __________ __________ food.
- 주문할 거니? → __________ we __________ __________ __________ food?

2 be going to 형태 적용하기

1 그 뮤지컬은 저녁 8시에 시작할 예정이다. (start)

→ The musical __________ __________ __________ __________ at 8 p.m.

2 나는 스페인어를 배울 것이다. (learn)

→ I __________ __________ __________ __________ Spanish.

3 그들은 부산으로 이사할 예정이니? (move)

→ __________ they __________ __________ __________ to Busan?

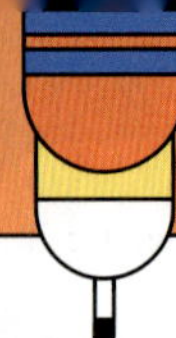

STEP **1** 현재시제와 미래시제 **비교하기**

1
- **ⓐ** 우리는 네가 그립다.

  We miss you.

- **ⓑ** 우리는 너를 **그리워할 것이다.**

  We ________ ________ you.

2
- **ⓐ** 내 형은 시금치를 먹지 않는다.

  My brother doesn't eat spinach.

- **ⓑ** 내 형은 시금치를 **먹지 않을 것이다.**

  My brother ________ ________ ________ spinach.

3
- **ⓐ** 그 학생들은 규칙을 따른다.

  The students follow the rules.

- **ⓑ** 그 학생들은 규칙을 **따를 것이다.**

  The students ________ ________ ________ ________ the rules.

4
- **ⓐ** 그는 중국어를 공부하니?

  Does he study Chinese?

- **ⓑ** 그는 중국어를 **공부할 예정이니?**

  ________ he ________ ________ ________ Chinese?

5
- **ⓐ** 그 소녀는 지금 14살이다.

  The girl is 14 years old now.

- **ⓑ** 그 소녀는 내년에 15살이 **될 것이다.**

  The girl ________ ________ 15 years old next year.

6
- **ⓐ** 너는 겨울마다 해외로 가니?

  Do you go abroad every winter?

- **ⓑ** 너는 이번 겨울에 해외로 **갈 거니?**

  ________ you ________ abroad this winter?

7
- **ⓐ** 그 기차는 매 시간 온다.

  The train comes every hour.

- **ⓑ** 그 기차는 곧 **올 것이다.**

  The train ________ ________ ________ ________ soon.

8
- **ⓐ** 나는 크리스마스마다 케익을 산다.

  I buy a cake every Christmas.

- **ⓑ** 나는 크리스마스에 케익을 **살 것이다.**

  I ________ ________ ________ ________ a cake on Christmas.

STEP **2** 영작 **완성하기**

| 보기 | ~~tomorrow~~   next year   this weekend   this Saturday   this afternoon |

e.g. 그 남자는 내일 그의 자동차를 수리할 것이다. (fix)
→ The man ___*will*___ ___*fix*___ his car ___*tomorrow*___ .

1 나는 이번 토요일에 그녀와 외식을 할 것이다. (eat out)

→ I ___________ ___________ ___________ with her ___________ ___________ .

2 Sam은 내년에 중학생이 되니? (be)

→ ___________ Sam ___________ a middle school student ___________ ___________ ?

3 너는 오늘 오후에 그에게 전화할 거니? (call)

→ ___________ you ___________ ___________ ___________ him ___________ ___________ ?

4 나는 이번 주말에 쇼핑을 가지 않을 것이다. (go shopping)

→ I'm not ___________ ___________ ___________ ___________ ___________ ___________ .

STEP **3** 배열 **영작하기**

1 나는 서울에 이틀 동안 머물 예정이다. stay, I, going to, am

→ ____ in Seoul for two days.

2 그 아기는 밤 동안 깨지 않을 것이다. will, wake up, the baby, not

→ ____ during the night.

3 그녀는 오늘 밤에 그녀의 스마트폰을 사용하지 않을 것이다. her smartphone, she, use, won't

→ ____ tonight.

4 Jordan은 내일 영화를 보러 가지 않을 것이다. not, go to the movies, is, going to

→ Jordan ____ tomorrow.

5 너는 새 컴퓨터를 살 거니? buy, a new computer, you, will

→ ____

집중 훈련 1 틀린 부분 고치기
어법상 틀린 부분을 찾아 바르게 고치시오.

집중 훈련 2 영작 완성하기
주어진 말을 활용하여 문장을 완성하시오.

01
Josh and I studying history now.
Josh와 나는 지금 역사를 공부하고 있다.

____________ → ____________

02
He will has pizza for lunch.
그는 점심 식사로 피자를 먹을 것이다.

____________ → ____________

03
The dog is runing to the river.
그 개는 강으로 달려가고 있다.

____________ → ____________

04
I will tell not the secret.
나는 그 비밀을 말하지 않을 것이다.

____________ → ____________

05
They are not play basketball.
그들은 농구를 하고 있지 않다.

____________ → ____________

06
Is Rachel going to goes on a picnic this Sunday?
Rachel은 이번 일요일에 소풍을 갈 예정이니?

____________ → ____________

07
A woman does taking a walk in the park.
한 여자가 공원에서 산책을 하고 있다.

____________ → ____________

08 나는 내 휴대 전화를 끌 것이다. (be going to, turn off)

→ ______________________ my cell phone.

09 그 팀은 결승에서 지지 않을 것이다. (will, lose)

→ ______________________ in the finals.

10 너는 택시를 탈 거니? (take a taxi)

→ Are you __________________?

11 그 아이들이 해변에서 수영하고 있다. (swim)

→ The children ________________ at the beach.

12 그는 지금 자전거를 타고 있니? (ride, his bike)

→ ______________________ now?

13 그녀는 친구들과 수다 떨고 있지 않다. (chat)

→ ______________________ with her friends.

14 우리는 이번 주말에 산에 오를 것이다.
(climb a mountain)

→ We're ______________________ this weekend.

집중 훈련 3 통문장 영작하기
주어진 말을 활용하여 영작하시오.

15 우리는 병원에서 자원봉사할 예정이다.
(be going to, volunteer at a hospital)

→ ___________________________________

16 나는 모래성을 만들고 있지 않다.
(make, a sandcastle)

→ ___________________________________

17 네 고양이는 지금 소파 위에 누워 있니?
(lie, on the sofa)

→ ___________________________________

18 그는 그 식당을 추천하지 않을 것이다.
(will, recommend the restaurant)

→ ___________________________________

19 너는 너의 새 재킷을 입을 거니?
(going, wear, your new jacket)

→ ___________________________________

20
> **A** What are you doing?
> **B** 나는 에세이를 쓰고 있어. (write, an essay)

→ ___________________________________

21
> **A** 그들이 곧 도착할까? (will, arrive, soon)
> **B** I think so.

→ ___________________________________

집중 훈련 4 조건 영작하기
우리말과 의미가 같도록 〈조건〉에 맞게 영작하시오.

22 Sally는 그녀의 친구들과 디저트를 먹고 있다.

> **조건 1** 주어진 단어를 모두 사용할 것
> (have, dessert, with)
> **2** 필요시 형태를 변형할 것
> **3** 7단어의 문장으로 쓸 것

→ ___________________________________

23 너희 부모님은 너를 자랑스러워 하실 거다.

> **조건 1** 주어진 말을 활용할 것
> (parents, be proud of)
> **2** 7단어의 문장으로 쓸 것

→ ___________________________________

24 그 축구 선수들은 휴식을 취하고 있니?

> **조건 1** 괄호 안에 주어진 표현을 활용할 것
> (the soccer players, take a break)
> **2** 모두 7단어로 쓸 것
> **3** 적절한 문장 부호를 사용할 것

→ ___________________________________

25 그들은 그 강 근처에 공장을 짓지 않을 것이다.

> **조건 1** 괄호 안에 주어진 표현을 활용할 것
> (build, a factory, near the river)
> **2** be going to를 쓸 것
> **3** 부정어는 줄여 쓸 것

→ ___________________________________

서술형 실전 TEST

Answers p. 11 　　　　/ 30점

서술형 1 　　　　(4점, 각 2점)

다음 Julie의 오후 일과를 보고, 각 대화를 완성하시오.

| 2 p.m. (now) | practice the piano |
| 4 p.m. | meet Sally |

(1) **A** What is Julie doing now?
　　B ________________________

(2) **A** What will Julie do at 4 p.m.?
　　B ________________________

서술형 2 　　　　(8점, 각 4점)

우리말과 의미가 같도록 주어진 〈조건〉에 맞게 영작하시오.

(1) 그들은 눈사람을 만들고 있다.

조건　**1** 주어진 말을 사용하시오.
　　　　(make a snowman)
　　2 필요하면 단어의 형태를 바꾸시오.
　　3 5단어의 문장으로 서술하시오.

→ ________________________

(2) 너희들은 지하철을 탈 거니?

조건　**1** take the subway를 사용하시오.
　　2 7단어의 문장으로 서술하시오.

→ ________________________

서술형 3 　　　　(3점)

주어진 말을 바르게 배열하여 완전한 문장으로 쓰시오.

going, London, is, visit, not, he, to

→ ________________________

서술형 4 NEW 　　　　(6점, 각 3점)

그림을 보고, 주어진 말을 활용하여 대화를 완성하시오.

(1)　　　　　　　　(2)

(1) **A** What is she doing?
　　B ________________________
　　　　　(shop for clothes)

(2) **A** Is he going to watch TV?
　　B No, he isn't. ________________________
　　________________________ (play with his dog)

서술형 5 　　　　(3점)

①~⑤ 중 어법상 틀린 부분을 찾아 바르게 고쳐 쓰시오.

Tomorrow ① is Valentine's Day. Sandy ② is making chocolate now. She ③ will give it to her friends. She ④ is going to writing cards for them, too. They ⑤ will be happy.

________________ → ________________

서술형 6 NEW 　　　　(6점, 각 3점)

우리말과 의미가 같도록 주어진 말을 사용하여 영작하시오.

(1) Henry는 다음 주말에 농장을 방문할 것이다.
　　(visit, a farm, going)
(2) 그는 나무에서 사과를 좀 딸 것이다.
　　(pick, will, some)

(1) Henry ________________________ next weekend.

(2) He ________________________ from the trees.

조동사

1 can

2 may

3 must, have to

4 should

① can

조동사 can은 능력·가능, 허가, 요청의 의미를 나타내며, 「can+동사원형」의 형태로 쓴다.

능력·가능	~할 수 있다	I **can** jump high. He **cannot(can't)** speak French.
허가	~해도 된다	You **can** go home now. You **cannot(can't)** eat snacks now. **Can** I sit here?
요청	~해 주겠니?	**Can** you help me?

can의 부정형은 cannot 또는 can't를 쓰며 can not으로 띄어 쓰지 않는다.

cf. can이 '~할 수 있다'의 의미로 쓰일 때는 be able to로 바꿔 쓸 수 있다. be동사는 주어의 인칭과 수, 문장의 시제에 맞춰 쓴다.

She **is able to** speak French.　〈현재시제〉
She **was able to** speak French.　〈과거시제〉
She **will be able to** speak French. 〈미래시제〉

주의 조동사는 주어의 인칭과 수에 따라 형태가 변하지 않는다.

He **can** jump high. (○)　He cans jump high. (×)

1 can의 형태 익히기

1 Nancy는 한국어를 말할 수 있다. (speak)

→ Nancy ___________ ___________ Korean.

2 나의 아빠는 컴퓨터 없이 일할 수 없다. (work)

→ My dad ___________ ___________ without a computer.

3 제가 그 스포츠 동아리에 가입해도 될까요? (join)

→ ___________ ___________ ___________ the sports club?

2 can을 be able to로 바꿔 쓰기

1 I can ride a bike.

→ I ___________ ___________ ___________ ___________ a bike.

2 Eric can fix his computer.

→ Eric ___________ ___________ ___________ ___________ his computer.

3 Robots can make coffee in cafes.

→ Robots ___________ ___________ ___________ ___________ coffee in cafes.

2 may

조동사 may는 허가나 약한 추측의 의미를 나타내며, 「may+동사원형」의 형태로 쓴다.

허가	~해도 된다	You **may** use my phone. You **may not** swim here. **May** I ask a question?
추측	~할지도 모른다	He **may** invite us to the party. It **may not** rain tonight.

→ may의 부정형은 may not으로 쓰며, mayn't와 같이 줄여 쓰지 않는다.

TIP '허가'의 의미를 나타낼 때 may를 쓰면 can보다 정중한 표현이 된다.

주의 조동사는 두 개를 연달아 쓸 수 없다.

She **may be able to** visit us again. (○)   She <u>may can</u> visit us again. (×)

---

1 may의 형태 익히기

1 그는 택시를 타고 직장에 간다. → He takes a taxi to work.

그는 택시를 타고 직장에 갈지도 모른다. → He ___________ ___________ a taxi to work.

2 그녀는 지금 집에 없다. → She isn't at home now.

그녀는 지금 집에 없을지도 모른다. → She ___________ ___________ ___________ at home now.

3 너는 내 책들을 읽는다. → You read my books.

너는 내 책들을 읽어도 된다. → You ___________ ___________ my books.

4 너희는 그 케이크를 먹는다. → You eat the cake.

너희는 그 케이크를 먹어도 된다. → You ___________ ___________ the cake.

---

2 may의 형태 적용하기

1 제가 들어가도 될까요? (come)

→ ___________ I ___________ in?

2 그들은 몇 가지 특별한 계획을 가지고 있을지도 모른다. (have)

→ They ___________ ___________ some special plans.

3 너는 여기에 너의 차를 주차를 하면 안 된다. (park)

→ You ___________ ___________ ___________ your car here.

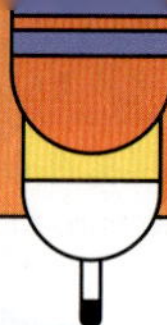

STEP ① 조동사 의미 비교하기

1 play

ⓐ Emily는 피아노를 **칠 수 있다.**
Emily ___________ ___________ the piano.

ⓑ Emily는 피아노를 **칠 수 없다.**
Emily ___________ ___________ the piano.

2 know

ⓐ 그는 나를 **알지도 모른다.**
He ___________ ___________ me.

ⓑ 그는 나를 **알지 못할지도 모른다.**
He ___________ ___________ ___________ me.

3 run

ⓐ 그 개는 빨리 **달릴 수 있다.**
The dog ___________ ___________ fast.

ⓑ 그 개는 빨리 **달릴지도 모른다.**
The dog ___________ ___________ fast.

4 watch

ⓐ 너는 지금 TV를 **봐도 된다.**
You ___________ ___________ TV now.

ⓑ 너는 지금 TV를 **보면 안 된다.**
You ___________ ___________ TV now.

5 open

ⓐ 제가 창문을 **열어도 될까요?**
___________ I ___________ the window?

ⓑ 너는 창문을 **열어도 된다.**
You ___________ ___________ the window.

6 be

ⓐ 그 소문은 **사실일지도 모른다.**
The rumor ___________ ___________ true.

ⓑ 그 소문은 **사실이 아닐지도 모른다.**
The rumor ___________ ___________ ___________ true.

7 tell

ⓐ 너는 나에게 진실을 **말해 줄 수 있니?**
___________ you ___________ me the truth?

ⓑ 나는 너에게 진실을 **말할 수 있다.**
I ___________ ___________ you the truth.

8 help

ⓐ 우리가 너를 **도울 수 있을지도 모른다.**
We ___________ ___________ ___________ ___________
___________ you.

ⓑ 우리가 너를 **도울 수 없을지도 모른다.**
We ___________ ___________ ___________ ___________
___________ ___________ you.

STEP **2** 영작 완성하기

1 더 천천히 말해 주겠니? (speak)

→ __________ you __________ more slowly?

2 이 주소는 틀릴지도 모른다. (be)

→ This address __________ __________ wrong.

3 그들은 바닷속에서 보물을 찾을지도 모른다. (find)

→ They __________ __________ treasure under the sea.

4 너희들은 동물원의 동물들에게 먹이를 주면 안 된다. (feed)

→ You __________ __________ the animals at the zoo.

5 Kate는 표를 구할 수 있을 것이다. (get)

→ Kate __________ __________ __________ __________ __________ a ticket.

STEP **3** 배열 영작하기

1 지수는 프랑스어를 읽을 수 있다. read, able, French, is, to

→ Jisu ____.

2 저녁에 눈이 올지도 모른다. snow, in the evening, may

→ It ____.

3 너는 미술관에서 사진을 찍으면 안 된다. not, take pictures, may, you

→ ___________________________________ in the gallery.

4 나는 그의 이름을 기억할 수 없다. remember, I, his name, can't

→ ____

5 내가 너의 우산을 빌려도 될까? borrow, can, your umbrella, I

→ ____

3 must, have to

A 조동사 must와 have to는 강한 의무를 나타내며, 「must(have to)+동사원형」의 형태로 쓴다.

강한 의무	~해야 한다	We **must** follow the rules. I **have to** finish the work now.

cf. have to는 주어의 인칭과 수, 문장의 시제에 따라 형태를 바꾸어 쓴다.

She **has to** wait for the next bus. 〈현재시제〉
She **had to** wait for the next bus. 〈과거시제〉
She **will have to** wait for the next bus. 〈미래시제〉

B must의 부정형인 must not은 금지를, have to의 부정형인 don't have to는 불필요를 나타낸다.

금지	~하면 안 된다	You **must not** cross the street here.
불필요	~할 필요가 없다	We **don't have to** pay now.

주의 주어가 3인칭 단수일 때 has to와 doesn't have to로 쓰는 것에 유의한다.

He **has to** get up early today.　He **doesn't have to** get up early today.

1 must와 have to의 형태 익히기

1 너는 오후 2시까지 공항에 도착해야 한다. (arrive)

→ You ___________ ___________ at the airport by 2 p.m.

→ You ___________ ___________ ___________ at the airport by 2 p.m.

2 수지는 교복을 입어야 한다. (wear)

→ Susie ___________ ___________ her school uniform.

→ Susie ___________ ___________ ___________ her school uniform.

2 must와 have to의 부정형 형태 익히기

1 너희들은 여기에서 전화기를 사용하면 안 된다. (use)

→ You ___________ ___________ ___________ your phone here.

2 너는 그것에 대해 걱정할 필요가 없다. (worry)

→ You ___________ ___________ ___________ ___________ about it.

3 Tom은 거기에 갈 필요가 없다. (go)

→ Tom ___________ ___________ ___________ ___________ there.

 should

조동사 should는 당연한 의무나 충고의 의미를 나타내며, 「should＋동사원형」의 형태로 쓴다.
부정형인 should not은 금지를 나타낸다.

의무	~해야 한다	We **should** help each other.
충고	~하는 것이 좋겠다	You **should** go to bed early.
금지	~하면 안 된다	You **should not** be rude.

TIP should가 나타내는 의무는 must보다 강제성이 약하거나 거의 없다.

1 should의 형태 익히기

1 우리는 채소를 더 많이 먹어야 한다. (eat)

→ We ___________ ___________ more vegetables.

2 너는 잔디를 밟으면 안 된다. (walk)

→ You ___________ ___________ ___________ on the grass.

3 Jenny는 진찰을 받는 것이 좋겠다. (see)

→ Jenny ___________ ___________ a doctor.

2 알맞은 조동사를 이용하여 문장 완성하기 (<보기>의 표현을 한 번씩만 쓸 것)

| ｜보기｜ | must | don't have to | should | should not |

1 너는 메모를 해 두는 것이 좋겠다. (take)

→ You ___________ ___________ notes.

2 어린이들은 너무 많은 영상을 봐서는 안 된다. (watch)

→ Children ___________ ___________ ___________ too many videos.

3 너는 그에게 전화할 필요가 없다. (call)

→ You ___________ ___________ ___________ ___________ him.

4 방문객들은 예약을 먼저 해야 한다. (make)

→ Visitors ___________ ___________ a reservation first.

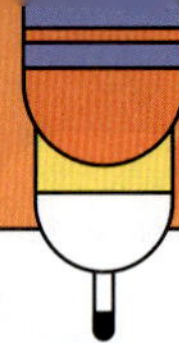

영작 기본 훈련

STEP 1 조동사 의미 **비교하기**

1 leave

ⓐ 우리는 지금 **떠나야 한다.**
We __________ __________ now.

ⓑ 우리는 지금 **떠날 필요가 없다.**
We __________ __________ __________ __________ now.

2 read

ⓐ 너는 이 책을 **읽는 게 좋겠다.**
You __________ __________ this book.

ⓑ 너는 이 책을 **읽지 않는 게 좋겠다.**
You __________ __________ __________ this book.

3 share

ⓐ 그들은 정보를 **공유해야 한다.**
They __________ __________ the information.

ⓑ 그들은 정보를 **공유하면 안 된다.**
They __________ __________ __________ the information.

4 pack

ⓐ 나는 지금 가방을 **싸는 게 좋겠다.**
I __________ __________ my bag now.

ⓑ 나는 지금 가방을 **쌀 필요가 없다.**
I __________ __________ __________ __________ my bag now.

5 take

ⓐ 너는 이 약을 **먹어야 한다.**
You __________ __________ __________ this medicine.

ⓑ 너는 이 약을 **먹으면 안 된다.**
You __________ __________ __________ this medicine.

6 bring

ⓐ 우리는 신분증을 **챙겨야 한다.**
We __________ __________ our ID card.

ⓑ 우리는 신분증을 **챙길 필요가 없다.**
We __________ __________ __________ __________ our ID card.

7 win

ⓐ 나는 그 경기에서 **이겨야 한다.**
I __________ __________ __________ the game.

ⓑ 그는 그 경기에서 **이겨야 한다.**
He __________ __________ __________ the game.

8 eat

ⓐ 그녀는 여기서 **먹을 필요가 없다.**
She __________ __________ __________ __________ here.

ⓑ 우리는 여기서 **먹을 필요가 없다.**
We __________ __________ __________ __________ here.

STEP **2** 영작 **완성하기** (<보기>의 표현을 한 번씩만 쓸 것)

| 보기 |　　must　　　must not　　　had to　　　don't have to　　　should

1 너는 그 비밀을 지키는 게 좋겠다. (keep)

→ You ___________ ___________ the secret.

2 모든 학생들은 그 수업을 들어야만 했다. (take)

→ All students ___________ ___________ ___________ the class.

3 너는 그 질문에 대답할 필요가 없다. (answer)

→ You ___________ ___________ ___________ ___________ the question.

4 우리는 그 그림들을 만지면 안 된다. (touch)

→ We ___________ ___________ ___________ the paintings.

5 운전자들은 교통 법규를 따라야 한다. (follow)

→ Drivers ___________ ___________ the traffic rules.

STEP **3** 배열 **영작하기**

1 나는 그 시험에 통과해야 한다.　 pass, must, the exam

→ I ____.

2 Emily는 그녀의 돈을 아껴야 할 것이다.　 her money, have to, save, will

→ Emily ____.

3 너는 네 친구들과 싸우면 안 된다.　 fight, not, with, should, you, your friends

→ ____

4 사람들은 빙판길 위에서 조심해야 한다.　 must, on the icy road, careful, be, people

→ ____

5 그는 새 가방을 살 필요가 없다.　 he, have to, a new bag, buy, doesn't

→ ____

집중 훈련 1 틀린 부분 고치기
어법이나 의미가 <u>틀린</u> 부분을 찾아 바르게 고치시오.

집중 훈련 2 영작 완성하기
주어진 말을 활용하여 문장을 완성하시오.

01
She mays make new friends soon.
그녀는 곧 새로운 친구들을 사귈지도 모른다.

_______________ → _______________

02
He should gets some rest.
그는 좀 쉬는 게 좋겠다.

_______________ → _______________

03
You must see a movie star at the festival.
너는 그 축제에서 영화배우를 볼지도 모른다.

_______________ → _______________

04
Karen have to call her mother.
Karen은 어머니에게 전화해야 한다.

_______________ → _______________

05
Can Josh brings her flowers?
Josh가 그녀에게 꽃을 가져다줄 수 있니?

_______________ → _______________

06
I may not able to arrive on time.
나는 제시간에 도착할 수 없을지도 모른다.

_______________ → _______________

07
You don't should use bad words.
너는 나쁜 말을 쓰면 안 된다.

_______________ → _______________

08 우리는 빨간불에 멈춰야 한다. (stop)

→ _______________________________ at red
lights.

09 제가 화장실을 써도 되나요? (use)

→ _______________________ the bathroom?

10 Amy는 온라인에서 그 정보를 찾을 수 없었다.
(able, find)

→ _______________________________
the information online.

11 그는 서두를 필요가 없다. (hurry)

→ He _______________________________.

12 Lucy는 그녀의 방에 없을지도 모른다. (be)

→ Lucy _______________________ in her room.

13 잠시 기다려 주겠니? (wait)

→ _______________________ for a moment?

14 너는 오후 1시까지 그곳에 도착할 수 있을 것이다. (get)

→ _______________________________ there
by 1 p.m.

집중 훈련 3 통문장 영작하기
주어진 말을 활용하여 영작하시오.

집중 훈련 4 조건 영작하기
우리말과 의미가 같도록 〈조건〉에 맞게 영작하시오.

15 그는 그의 개를 돌봐야 했다. (have to, take care of)

→ ___________________________________

16 그녀는 나에게 편지를 써 줄지도 모른다.
(write a letter, to me)

→ ___________________________________

17 너는 모든 것을 알 필요는 없다. (know, everything)

→ ___________________________________

18 너는 외투를 입는 게 좋겠다. (wear, a coat)

→ ___________________________________

19 우리는 마지막 기차를 탈 수 있었다.
(be, catch, the last train)

→ ___________________________________

20
A 나 대신 전화 좀 받아 주겠니?
(answer the phone, for me)
B Sure.

→ ___________________________________

21
A 박물관 안으로 커피를 가져가도 될까요?
(bring coffee, into the museum)
B No, you may not.

→ ___________________________________

22 우리는 오늘 밤에 산책하는 게 좋겠다.

조건 **1** 주어진 표현을 사용할 것
(take a walk, tonight)
2 may, must, should 중 알맞은 것을 쓸 것
3 6단어의 문장으로 쓸 것

→ ___________________________________

23 나는 내 시험 점수를 믿을 수 없다.

조건 **1** 주어진 말을 사용할 것
(believe, exam score)
2 조동사를 사용할 것
3 6단어의 문장으로 쓸 것

→ ___________________________________

24 그녀는 내일 일찍 일어나야 할 것이다.

조건 **1** 괄호 안에 주어진 말을 사용할 것
(wake up, early)
2 will을 사용할 것
3 모두 8단어의 문장으로 쓸 것

→ ___________________________________

25 Ben은 그 책을 지금 읽을 필요가 없다.

조건 **1** 주어진 단어를 사용할 것
(the book, now)
2 must, should, have to 중 알맞은 것을 쓸 것
3 줄임말을 쓸 것

→ ___________________________________

서술형 실전 TEST

서술형 **1** (4점, 각 2점)

우리말과 의미가 같도록 문장을 완성하시오.

(1) Ted는 오늘 밤에 올지도 모른다.

　→ Ted ＿＿＿＿＿＿ ＿＿＿＿＿＿ tonight.

(2) 오늘 우리는 학교에 갈 필요가 없다.

　→ We ＿＿＿＿＿ ＿＿＿＿＿ ＿＿＿＿＿
　　　＿＿＿＿＿ to school today.

서술형 **2** (6점, 각 2점)

다음 문장을 지시대로 바꿔 쓰시오.

> He must check his email.

(1) have to 이용: ＿＿＿＿＿＿＿＿＿＿＿＿

(2) 과거시제: ＿＿＿＿＿＿＿＿＿＿＿＿＿＿

(3) 미래시제: ＿＿＿＿＿＿＿＿＿＿＿＿＿＿

서술형 **3** (3점)

우리말과 의미가 같도록 〈조건〉에 맞게 영작하시오.

> 너는 편안한 신발을 신는 게 좋겠다.

조건 **1** 주어진 말을 사용하시오.
　　　　(wear, comfortable shoes)
　　2 can, may, should 중에서 알맞은 조동사를
　　　　사용하시오.
　　3 5단어의 문장으로 서술하시오.

→ ＿＿＿＿＿＿＿＿＿＿＿＿＿＿＿＿＿＿＿

서술형 **4** NEW (6점, 각 3점)

〈보기〉에 주어진 말을 한 번씩 사용하여 다음 표지판을 설명하는 문장을 완성하시오.

보기	ride	must	drink	a bike	can	not

(1) 　　　　　　　(2)

(1) You ＿＿＿＿＿＿＿＿＿＿＿ on this road.

(2) You ＿＿＿＿＿＿＿＿＿＿＿ this water.

서술형 **5** (5점)

우리말과 의미가 같도록 주어진 말을 바르게 배열하고, 알맞은 조동사를 추가하여 완전한 문장으로 쓰시오.

> 너는 그 앱을 이용할 수 있을지도 모른다.
> (be, use, to, the app, able, you)

→ ＿＿＿＿＿＿＿＿＿＿＿＿＿＿＿＿＿＿＿

서술형 **6** NEW (6점, 각 3점)

엄마가 남긴 쪽지를 읽고, Steve가 해야 할 일과 하지 말아야 할 일을 설명하는 문장을 완성하시오. (must를 사용할 것)

> To: Steve
> (1) Do your homework.
> (2) Do not play computer games.
> I will be home at 6:30.
> 　　　　　　　　　　from: Mom

(1) Steve ＿＿＿＿＿＿＿＿＿＿＿＿＿＿.

(2) Steve ＿＿＿＿＿＿＿＿＿＿＿＿＿＿.

6

문장의 구조

be동사 뒤에 주어를 보충 설명하는 말인 보어 를 써서 「be동사+보어」 형태의 문장을 만든다.
보어 자리에는 명사와 형용사가 온다. ----------> 주어의 성질이나 상태를 보충 설명하는 말이다.

주어	be동사	보어	
He	**is**	*a firefighter.*	〈명사〉
I	**am**	*busy.*	〈형용사〉

My brother **is** *a college student.*
The children **are** *smart.*

1 보어가 있는 문장 형태 익히기

| | 보기 | twins | tulips | easy | hungry | wise |

1 내 여동생은 지혜롭다. → My sister ___________ ___________.

2 Joshua와 Chloe는 쌍둥이이다. → Joshua and Chloe ___________ ___________.

3 Tim은 어젯밤에 배가 고팠다. → Tim ___________ ___________ last night.

4 저쪽에 있는 꽃들은 튤립이다. → The flowers over there ___________ ___________.

5 기말시험은 쉬웠다. → The final exams ___________ ___________.

2 보어의 종류 구분하고 다른 보어로 바꿔 쓰기 (<보기>의 단어를 한 번 씩만 쓸 것)

| | 보기 | ~~happy~~ | scientists | cloudy | heavy | friendly | a doctor |

e.g. The man was <u>angry</u>. 　명사 /〈형용사〉　 → The man was ___happy___.

1 She is <u>a teacher</u>. 　명사 / 형용사　 → She is ___________.

2 These bags are <u>light</u>. 　명사 / 형용사　 → These bags are ___________.

3 The weather was <u>sunny</u>. 　명사 / 형용사　 → The weather was ___________.

4 They are <u>farmers</u>. 　명사 / 형용사　 → They are ___________.

5 The dog is <u>cute</u>. 　명사 / 형용사　 → The dog is ___________.

보고, 듣고, 느끼는 등의 감각을 나타내는 동사인 감각동사 뒤에는 보어로 형용사를 쓴다.

감각동사	보어	
	look	~하게 보이다
	sound	~하게 들리다
주어	**smell**	~한 냄새가 나다
	taste	~한 맛이 나다
	feel	~하게 느껴지다, ~한 느낌이 나다

형용사

She **looks** *happy*.
Your idea **sounds** *interesting*.
This pasta **tastes** *spicy*.

> 보어 자리에 오는 형용사가 '~하게'로 해석된다고 해서
> 감각동사 뒤에 부사를 쓰지 않도록 유의한다.
> She **looks** happily. (×)

cf. 감각동사 뒤에 명사가 올 때는 「감각동사+like+명사」의 형태로 쓰며, '~처럼 …하다'라는 의미이다.
　　 The baby **looks like** *an angel*.

---

1 감각동사 형태 익히기

e.g. 시끄럽게 들리다 → ___sound___ ___noisy___

1 달콤한 맛이 나다 → _________ _________

2 이상하게 느껴지다 → _________ _________

3 비슷해 보이다 → _________ _________

4 지독한 냄새가 나다 → _________ _________

감각동사	형용사
look	sweet
~~sound~~	similar
smell	~~noisy~~
taste	strange
feel	terrible

---

2 감각동사 형태 적용하기

보기	cotton candy	sad	soft	weak

1 저 남자는 슬퍼 보인다. → That man ___________ ___________.

2 이 스카프는 부드럽게 느껴진다. → This scarf ___________ ___________.

3 그 목소리는 약하게 들렸다. → The voice ___________ ___________.

4 그 구름은 솜사탕처럼 보였다. → The cloud ___________ ___________ ___________ ___________.

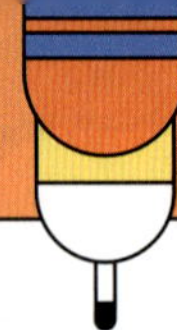

영작 기본 훈련

STEP 1 보어가 있는 문장 **비교하기**

1 delicious
- **a** 이 수프는 **맛있다.** This soup ________ ________.
- **b** 이 수프는 **맛있는 냄새가 난다.** This soup ________ ________.

2 busy
- **a** Dan은 오늘 **바쁘다.** Dan ________ ________ today.
- **b** Dan은 오늘 **바빠 보인다.** Dan ________ ________ today.

3 beautiful
- **a** 그 노래들은 **아름답다.** The songs ________ ________.
- **b** 그 노래들은 **아름답게 들린다.** The songs ________ ________.

4 warm
- **a** 그 스웨터는 **따뜻하다.** The sweater ________ ________.
- **b** 그 스웨터는 **따뜻하게 느껴진다.** The sweater ________ ________.

5 perfect
- **a** 그 음악은 **완벽했다.** The music ________ ________.
- **b** 그 음악은 **완벽하게 들렸다.** The music ________ ________.

6 sticky
- **a** 바닥이 **끈적거렸다.** The floor ________ ________.
- **b** 바닥이 **끈적거리게 느껴졌다.** The floor ________ ________.

7 sour
- **a** 그 소스는 **시다.** The sauce ________ ________.
- **b** 그 소스는 **신맛이 난다.** The sauce ________ ________.

8 a monster
- **a** 주인공은 **괴물이었다.** The main character ________ ________ ________.
- **b** 주인공은 **괴물처럼 보였다.** The main character ________ ________ ________ ________.

STEP **2** 영작 완성하기

1 내 ID와 비밀번호는 단순했다. (simple)

→ My ID and password ___________ ___________.

2 이 약은 쓴맛이 난다. (bitter)

→ This medicine ___________ ___________.

3 너의 목소리가 사랑스럽게 들린다. (lovely)

→ Your voice ___________ ___________.

4 이 의자는 편해 보인다. (comfortable)

→ This chair ___________ ___________.

5 어제 그 화장실에서 안 좋은 냄새가 났다. (bad)

→ The bathroom ___________ ___________ yesterday.

STEP **3** 배열 영작하기

1 나는 오늘 아침에 몹시 피곤했다. I, tired, very, felt

→ ____ this morning.

2 그 아이돌은 십 대들 사이에서 인기가 있다. the idol, popular, is

→ ____ with teenagers.

3 그 도시는 어젯밤에 조용했다. was, silent, the city

→ ____ last night.

4 그 퀴즈는 어려워 보였다. looked, the quiz, difficult

→ ____

5 이 초콜릿 케이크는 너무 단맛이 난다. tastes, sweet, too, this chocolate cake

→ ____

「주어＋수여동사＋간접목적어(~에게)＋직접목적어(…을)」 형태의 문장은 '~에게 …을 (해) 주다'라는 의미를 나타낸다.

She **bought** some flowers. 그녀는 꽃을 좀 샀다.
She **bought** her mother some flowers. 그녀는 어머니께 꽃을 좀 사 드렸다.
　　　　　　간접목적어　　직접목적어

주어	수여동사	간접목적어	직접목적어	
She	**gave**	him	a ring.	그녀는 그에게 반지를 주었다.
He	**made**	us	pizza.	그는 우리에게 피자를 만들어 주었다.
They	**asked**	me	some questions.	그들은 나에게 몇 가지 질문을 했다.

1 목적어가 두 개인 문장 구조 익히기

	주어	수여동사	간접목적어	직접목적어
e.g.	I 나는	gave 주었다	her 그녀에게	a gift . 선물을
1	Ms. Jules Jules 선생님은	teaches 가르치신다	________ 우리에게	________ . 영어를
2	He 그는	bought 사 주었다	his ________ 그의 아들에게	a ________ . 책을
3	She 그녀는	made 만들어 주었다	her ________ 그녀의 딸에게	a ________ . 책상을
4	Jane Jane은	showed 보여 주었다	________ 그들에게	her ________ . 그녀의 집을

2 목적어가 두 개인 문장 형태 적용하기

1 Stella는 그에게 전화번호를 물었다. (ask)

→ Stella ___________ ___________ his phone number.

2 나에게 소금을 건네주겠니? (pass, the salt)

→ Can you ___________ ___________ ___________ ___________ ?

3 선생님께서 우리에게 시 한 편을 읽어 주셨다. (read, a poem)

→ Our teacher ___________ ___________ ___________ ___________ .

목적어가 두 개인 문장은 전치사를 이용하여 「주어＋수여동사＋직접목적어＋전치사＋간접목적어」 형태로 바꿔 쓸 수 있다.

She	**sent**	me		a book	.
		간접목적어		직접목적어	
She	**sent**	a book	to	me	.
		직접목적어	전치사	간접목적어	

Clara **bought** *him* a burger.
→ Clara **bought** a burger **for** *him*.

주의 「주어＋수여동사＋직접목적어＋전치사＋간접목적어」 형태에서 전치사는 동사에 따라 달라진다.

- to를 쓰는 동사: give, send, tell, show, pass, teach, read, bring 등
- for를 쓰는 동사: make, buy, get, cook 등
- of를 쓰는 동사: ask 등

1 전치사 이용하여 문장 바꿔 쓰기

1 Ms. Park teaches me yoga.

→ Ms. Park teaches ＿＿＿＿＿ ＿＿＿＿＿ ＿＿＿＿＿.

2 He will cook her pasta.

→ He will cook ＿＿＿＿＿ ＿＿＿＿＿ ＿＿＿＿＿.

3 I sent them a postcard.

→ I sent ＿＿＿＿＿ ＿＿＿＿＿ ＿＿＿＿＿ ＿＿＿＿＿.

2 전치사 이용하여 문장 완성하기

1 Jackson은 아내에게 새 가방을 사 주었다.

→ Jackson ＿＿＿＿＿ a new bag ＿＿＿＿＿ his wife.

2 그 화가는 몇몇 사람들에게 자신의 그림들을 보여 주었다.

→ The artist ＿＿＿＿＿ his paintings ＿＿＿＿＿ some people.

3 그는 그녀에게 어려운 부탁을 했다.

→ He ＿＿＿＿＿ a difficult favor ＿＿＿＿＿ her.

4 나의 아빠는 겨울마다 나에게 새 썰매를 만들어 주신다.

→ My dad ＿＿＿＿＿ a new sled ＿＿＿＿＿ me every winter.

┤ 보기 ├
ask
buy
make
show

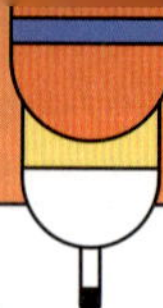

영작 기본 훈련

1 pass
- ⓐ 그는 쪽지를 **건넸다.**
  He __________ a note.
- ⓑ 그는 **나에게** 쪽지를 **건네주었다.**
  He __________ __________ a note.

2 buy
- ⓐ 우리는 자전거를 **살 것이다.**
  We __________ __________ a bicycle.
- ⓑ 우리는 **그녀에게** 자전거를 **사 줄 것이다.**
  We __________ __________ __________ a bicycle.

3 make
- ⓐ 그녀는 케이크를 **만들었다.**
  She __________ a cake.
- ⓑ 그녀는 **그들에게** 케이크를 **만들어 줬다.**
  She __________ a cake __________ __________.

4 get
- ⓐ 너는 우유를 좀 **샀니?**
  Did you __________ some milk?
- ⓑ 너는 **그에게** 우유를 좀 **사 주었니?**
  Did you __________ __________ some milk?

5 cook
- ⓐ Matt가 저녁을 **요리했다.**
  Matt __________ dinner.
- ⓑ Matt가 **Jane에게** 저녁을 **요리해 줬다.**
  Matt __________ dinner __________ __________.

6 teach
- ⓐ 나의 엄마는 미술을 **가르치신다.**
  My mom __________ art.
- ⓑ 나의 엄마는 **아이들에게** 미술을 **가르치신다.**
  My mom __________ art __________ __________.

7 read
- ⓐ 그는 그 책을 **읽었다.**
  He __________ the book.
- ⓑ 그는 **그의 아빠에게** 그 책을 **읽어 드렸다.**
  He __________ __________ __________ the book.

8 bring
- ⓐ Ben이 주스를 **가져왔다.**
  Ben __________ juice.
- ⓑ Ben이 **우리에게** 주스를 **가져다줬다.**
  Ben __________ juice __________ __________.

STEP **2** 문장 **전환하기**

e.g. Could you pass me the ball?

→ Could you <u>pass the ball to me</u> ?

1 She showed us her new shoes.

→ She _________________________ .

2 I will get you coffee.

→ I _________________________ .

3 Linda sent him a package.

→ Linda _________________________ .

4 Mike is reading his son a book.

→ Mike _________________________ .

STEP **3** 배열 **영작하기**

1 John은 우리에게 무서운 이야기를 해 주었다. `a scary story, told, us`

→ John _________________________ .

2 내 남동생은 매일 나에게 장난감을 가져온다. `brings, my brother, to, a toy, me`

→ _________________________ every day.

3 내 친구가 나에게 이 티셔츠를 사 줬다. `bought, me, for, this T-shirt`

→ My friend _________________________ .

4 나의 부모님은 나에게 매달 용돈을 주신다. `me, my parents, an allowance, give`

→ _________________________ every month.

5 나는 그에게 흥미로운 질문 하나를 했다. `him, I, an interesting question, asked`

→ _________________________ .

5 목적격 보어가 있는 문장

A 목적어 뒤에 목적어의 성질·상태 등을 보충 설명하는 목적격 보어를 써서 「주어＋동사＋목적어＋목적격 보어」 형태의 문장을 만든다.

My dog makes me happy.　나의 개는 나를 행복하게 만든다.
　　　　　　목적어　목적격 보어

B 목적격 보어로는 명사나 형용사를 쓸 수 있다.

주어	동사	목적어	목적격 보어(명사)	
The movie	**made**	her	a superstar.	그 영화는 그녀를 슈퍼스타로 만들었다.
They	**named**	their baby	Ben.	그들은 그들의 아기를 Ben이라고 이름 지었다.
He	**calls**	his bike	Flash.	그는 그의 자전거를 Flash라고 부른다.

┄┄⟶ 목적격 보어로 명사가 오는 동사: make, name, call 등

주어	동사	목적어	목적격 보어(형용사)	
The photo	**made**	him	famous.	그 사진이 그를 유명하게 만들었다.
This hat	**kept**	me	warm.	이 모자는 나를 따뜻하게 유지해 주었다.
We	**found**	the speech	boing.	우리는 그 연설이 지루하다고 생각했다.

┄┄⟶ 목적격 보어로 형용사가 오는 동사: make, keep, find, leave 등

주의 목적격 보어 자리에 오는 형용사가 '~하게'라고 해석된다고 해서 부사를 쓰지 않도록 주의한다.

The song makes me sad. (○)　　**The song makes me sadly.** (×)

---

1 목적격 보어 의미 익히기

e.g. His friends call <u>him</u> <u>Einstein</u.　→ 그의 친구들은 _______ 그를 _______ 아인슈타인이라고 부른다.

1 We named <u>our cat</u> <u>Kiki</u>.　→ 우리는 _______________ _______________ 이름 지었다.

2 The song made <u>me</u> <u>sleepy</u>.　→ 그 노래는 _______________ _______________만들었다.

3 The fan keeps <u>the room</u> <u>cool</u>.　→ 그 선풍기는 _______________ _______________ 유지해 준다.

4 I found <u>the test</u> <u>difficult</u>.　→ 나는 _______________ _______________ 생각했다.

5 The event made <u>him</u> <u>a hero</u>.　→ 그 사건은 _______________ _______________ 만들었다.

6 My grandmother calls <u>me</u> <u>"puppy."</u>　→ 나의 할머니는 _______________ _______________ 부르신다.

2 목적격 보어가 있는 문장 구조 익히기

| 보기 | ~~sad~~ | a star | fresh | angry | great | Ace |

		동사	목적어	목적격 보어
e.g.	그들을 슬프게 만들다	make	them	sad
1	그 책이 위대하다고 생각하다	find	the book	__________
2	모두를 화나게 만들다	make	everyone	__________
3	그것을 신선하게 유지하다	keep	__________	__________
4	그 자동차를 Ace라고 이름 짓다	name	__________	__________
5	그녀를 스타로 만들다	make	__________	__________

3 목적격 보어가 있는 문장 형태 적용하기

| 보기 | useful | Echo | upset | safe | Jane |

1 나는 그 정보가 유용하다고 생각했다. (find)

→ I __________ the information __________.

2 너희들은 나를 Jane이라고 불러도 된다. (call)

→ You can __________ me __________.

3 그 사고는 사람들을 속상하게 했다. (make)

→ The accident __________ people __________.

4 은행은 우리의 돈을 안전하게 지켜 준다. (keep)

→ Banks __________ our money __________.

5 그들은 자신들의 밴드를 Echo로 이름 지었다. (name)

→ They __________ their band "__________."

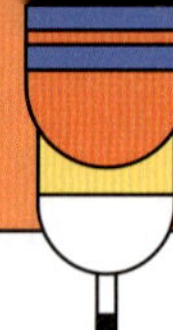

영작 기본 훈련

STEP 1 주격 보어와 목적격 보어 비교하기

---

e.g.

ⓐ 그 영화는 흥미로웠다.

The movie was interesting.

ⓑ 나는 **그 영화를 흥미롭게** 생각했다.

I found ___the___ ___movie___ ___interesting___.

1

ⓐ Buddy는 내 개다.

Buddy is my dog.

ⓑ 나는 **내 개를 Buddy라고** 이름 지었다.

I named ___________ ___________ ___________.

2

ⓐ 그 스테이크는 짰다.

The steak was salty.

ⓑ 그 소스는 **그 스테이크를 짜게** 만들었다.

The sauce made ___________ ___________ ___________.

3

ⓐ 앵무새들은 귀엽다.

Parrots are cute.

ⓑ 나는 **앵무새들이 귀엽다고** 생각한다.

I find ___________ ___________.

4

ⓐ 가격이 비싸다.

The prices are high.

ⓑ 그 브랜드는 **가격을 비싸게** 유지한다.

The brand keeps ___________ ___________ ___________.

5

ⓐ 그들은 스타였다.

They were stars.

ⓑ 그 영화는 **그들을 스타로** 만들었다.

The movie made ___________ ___________.

6

ⓐ 이 장소는 우리의 놀이터이다.

This place is our playground.

ⓑ 우리는 **이 장소를 우리의 놀이터라고** 부른다.

We call ___________ ___________ ___________ ___________.

7

ⓐ 그 빵집은 유명하다.

The bakery is famous.

ⓑ 이 파이는 **그 빵집을 유명하게** 만들었다.

This pie made ___________ ___________ ___________.

STEP 2 배열 영작하기

1 이 게임들이 그 수업을 재미있게 만든다. `fun, the class, make`

→ These games ____ .

2 그는 나를 거짓말쟁이라고 불렀다. `me, called, a liar`

→ He ____ .

3 나는 그 야경이 멋있다고 생각했다. `the night view, found, amazing`

→ I ____ .

4 사람들이 그 공원을 안전하게 유지했다. `kept, the park, people, safe`

→ ____ .

5 그 사진은 그녀를 모델로 만들었다. `the photo, her, made, a model`

→ ____ .

STEP 3 부분 영작하기

1 우리는 그를 거인이라고 부른다. (call, a giant)

→ We ____ .

2 그 사업은 그들을 부유하게 만들었다. (make, rich)

→ The business ____ .

3 그녀의 할아버지는 그녀를 소라라고 이름 지었다. (name, Sora)

→ Her grandfather ____ .

4 그는 항상 그의 신발을 깨끗하게 유지한다. (keep, clean)

→ ____ all the time.

5 나는 그녀의 목소리가 친숙하다고 생각했다. (find, voice, familiar)

→ I ____ .

집중 훈련 1 틀린 부분 고치기

어법상 <u>틀린</u> 부분을 찾아 바르게 고치시오.

집중 훈련 2 영작 완성하기

주어진 말을 활용하여 문장을 완성하시오.

01 They look happily in the photo.
그들은 그 사진에서 행복해 보인다.

__________ → __________

02 This perfume smells roses.
이 향수는 장미 같은 향기가 난다.

__________ → __________

03 I will make a sandwich of you.
나는 너에게 샌드위치를 만들어 줄 것이다.

__________ → __________

04 He gave some advice for me.
그는 나에게 몇 가지 조언을 해주었다.

__________ → __________

05 Peppers made spicy the food.
고추는 그 음식을 맵게 만들었다.

__________ → __________

06 We should keep the food freshily.
우리는 그 음식을 신선하게 유지해야 한다.

__________ → __________

07 Olivia sent a photo us.
Olivia는 우리에게 사진 한 장을 보내 주었다.

__________ → __________

08 그들은 나의 반 친구들이다. (classmates)

→ They __________________________ .

09 그녀의 웃음소리가 이상하게 들렸다. (strange)

→ Her laugh ____________________ .

10 이 과일 샐러드는 레모네이드 같은 맛이 난다.
(lemonade)

→ This fruit salad ______________ .

11 이 책은 너에게 교훈을 가르쳐 줄 것이다. (a lesson)

→ This book ____________________ .

12 너는 네 고양이를 Sally라고 이름 지을 거니?
(your cat, Sally)

→ Will you ____________________ ?

13 그는 그의 침대를 매일 깨끗하게 유지한다. (bed, clean)

→ He ____________________ every day.

14 그들은 그 농담이 바보 같다고 생각했다.
(find, the joke, silly)

→ They ____________________ .

집중 훈련 3 통문장 영작하기
주어진 말을 활용하여 영작하시오.

15 이 의자는 딱딱하게 느껴진다. (this chair, hard)

→ _________________________

16 나는 너에게 아침 식사를 요리해 줄 수 있다.
(cook, breakfast, for)

→ _________________________

17 Amy는 그녀의 여동생에게 편지를 읽어 주었다.
(a letter, to)

→ _________________________

18 그 여행은 나를 피곤하게 만들었다. (the trip, tired)

→ _________________________

19 모든 사람이 그 아이디어를 훌륭하다고 생각했다.
(everyone, find, excellent)

→ _________________________

20
A You should try this soup. You'll love it.
B Wow! <u>그것은 훌륭한 맛이 나는구나.</u>
(wonderful)

→ _________________________

21
A What are you going to do at the mall?
B <u>나는 Jane에게 책 한 권을 사 줄 거야.</u>
(a book, for)

→ _________________________

집중 훈련 4 조건 영작하기
우리말과 의미가 같도록 〈조건〉에 맞게 영작하시오.

22 내 개는 늑대처럼 보인다.

조건 **1** 주어진 표현을 사용할 것
     (dog, a wolf)
     2 6단어의 문장으로 쓸 것

→ _________________________

23 내가 너에게 부탁을 하나 해도 되니?

조건 **1** 주어진 단어를 사용할 것
     (can, ask, a favor)
     2 전치사를 사용할 것
     3 7단어로 쓸 것

→ _________________________

24 나는 아무에게도 너의 비밀을 말하지 않을 것이다.

조건 **1** 괄호 안에 주어진 말을 사용할 것
     (tell, anyone, secret)
     2 부정 표현은 줄여서 쓸 것
     3 모두 6단어의 문장으로 쓸 것

→ _________________________

25 그들은 그 이야기가 무섭다고 생각했다.

조건 **1** 주어진 단어를 활용할 것
     (find, scary)
     2 5단어로 쓸 것

→ _________________________

서술형 **1**   (3점)

다음 대화에서 어법상 <u>틀린</u> 부분을 찾아 바르게 고쳐 쓰시오.

> **A** There is a movie about living toys.
> **B** Oh, that sounds interestingly.

______________ → ______________

서술형 **2**   (3점)

다음 문장을 〈보기〉와 같이 바꿔 쓰시오.

> 보기   Alice teaches her brother Chinese.
> → Alice teaches Chinese to her brother.

Nick made his friends some cookies.

→ ______________

서술형 **3**   (12점, 각 4점)

다음 글의 밑줄 친 우리말과 의미가 같도록 주어진 말을 활용하여 영작하시오.

> Yesterday was Christmas. (1) <u>지나는 내게 목도리를 주었다.</u> (give, a scarf) (2) <u>그것은 매우 부드럽게 느껴진다.</u> (feel, soft) (3) <u>그것은 또한 나를 따뜻하게 유지해 준다.</u> (keep, warm) I am very happy.

(1) Jina ______________ ______________ ______________
______________.

(2) It ______________ ______________ ______________.

(3) It also ______________ ______________ ______________.

서술형 **4**   (4점)

우리말과 의미가 같도록 〈조건〉에 맞게 영작하시오.

> 나의 어머니는 나에게 노트북을 사 주셨다.

> 조건 **1** 주어진 말을 활용하시오.
>   (mother, buy, a laptop)
>   **2** 7단어의 문장으로 서술하시오.

→ ______________

서술형 **5**   (8점, 각 4점)

그림을 보고, 〈조건〉에 맞게 영작하시오.

(1)

> 조건 **1** 주어진 말을 활용하시오.
>   (look, a shoe)
>   **2** 현재시제로 쓰시오.

→ This bread ______________ ______________
______________ ______________.

(2)

> 조건 **1** 주어진 말을 활용하시오.
>   (make, sad, him)
>   **2** 과거시제로 쓰시오.

→ The documentary ______________ ______________
______________.

to부정사

A to부정사는 「to + 동사원형」의 형태로, 명사처럼 문장 안에서 주어 역할을 할 수 있다. 이때, to부정사는 '~하는 것은, ~하기는'으로 해석한다.

To study science is interesting.
To listen to others is important.

> 주어로 쓰인 to부정사(구)는 항상 단수 취급한다.

B to부정사(구)가 주어 역할을 하는 경우, 보통 주어 자리에 가주어 it을 쓰고 to부정사(구)를 뒤로 보낸다.

To save energy is not difficult.

→ It is not difficult **to save energy**. (it = to save energy)
　가주어　　　　　　　　　　진주어

주의 가주어 it은 '그것'이라고 해석하지 않는다.

---

1 **주어 역할의 to부정사** 형태 익히기

1 역사는 중요하다.　　　　　　　→　History　is important.

역사를 아는 것은 중요하다. (know)　→　________ ________ ________ is important.

2 축구는 신난다.　　　　　　　→　Soccer　is exciting.

축구를 보는 것은 신난다. (watch)　→　________ ________ ________ is exciting.

3 그 퍼즐은 어렵다.　　　　　　→　The puzzle　is difficult.

그 퍼즐을 푸는 것은 어렵다. (solve)　→　________ ________ ________ is difficult.

2 **가주어 사용하여** 문장 다시 쓰기

1 To watch the sunrise is nice.

→ __________ is nice __________ __________ the sunrise.

2 To fly drones is fun.

→ __________ is fun __________ __________ drones.

3 To learn a new language is not easy.

→ __________ is not easy __________ __________ a new language.

② to부정사의 명사적 용법 2 | 목적어·보어 역할

A to부정사가 문장 안에서 목적어 역할을 할 때는 '~하는 것을, ~하기를'로 해석한다.

I want **to travel abroad**.
Judy likes **to read novels**.

> to부정사를 목적어로 쓰는 동사에는
> want, need, hope, decide, plan, promise 등이 있다.

TIP to부정사의 to 앞에 not을 붙여 부정의 의미를 나타낸다.

I promised **not to lie**.

B to부정사가 문장 안에서 보어 역할을 할 때는 '~하는 것(이다), ~하기(이다)'로 해석한다.

His dream is **to be a chef**.
My goal is **to pass the test**.

---

1 목적어 역할의 to부정사 형태 적용하기

| 보기 | go | see | cook | fix |

1 나는 파스타를 요리하는 것을 좋아한다.　　→ I like ___________ ___________ pasta.

2 그는 자신의 컴퓨터를 수리하기로 계획했다.　　→ He planned ___________ ___________ his computer.

3 그들은 그 배우를 보는 것을 원한다.　　→ They want ___________ ___________ the actor.

4 David는 가지 않기로 결심했다.　　→ David decided ___________ ___________ ___________.

---

2 보어 역할의 to부정사 형태 적용하기

| 보기 | focus | win | play |

1 우리의 목표는 경기에서 이기는 것이다.

→ Our goal is ___________ ___________ the game.

2 그의 조언은 우리의 과제에 집중하라는 것이다.

→ His advice is ___________ ___________ on our project.

3 Sam의 계획은 친구들과 농구를 하는 것이다.

→ Sam's plan is ___________ ___________ basketball with his friends.

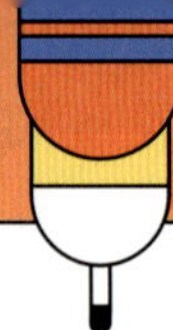

영작 기본 훈련

STEP 1 to부정사 역할 **비교하기**

1
ⓐ 새로운 친구들을 사귀는 **것**
__________ make new friends

ⓑ 새로운 친구들을 **사귀는 것은** 재미있다.
__________ __________ new friends is fun.

ⓒ 나는 새로운 친구들을 **사귀기를** 원한다.
I want __________ __________ new friends.

2
ⓐ 화재에서 사람들을 구하는 **것**
__________ save people from fires

ⓑ 그의 일은 화재에서 사람들을 **구하는 것**이다.
His job is __________ __________ people from fires.

ⓒ 그는 화재에서 사람들을 **구하기를** 바란다.
He hopes __________ __________ people from fires.

3
ⓐ 규칙적으로 운동하는 **것**
__________ exercise regularly

ⓑ 규칙적으로 **운동하는 것은** 당신의 건강에 좋다.
__________ __________ regularly is good for your health.

ⓒ 나는 규칙적으로 **운동하기로** 약속했다.
I promised __________ __________ regularly.

4
ⓐ 늦게까지 깨어 있는 **것**
__________ stay up late

ⓑ 늦게까지 **깨어 있는 것은** 해롭다.
__________ is harmful __________ __________ up late.

ⓒ 그는 늦게까지 **깨어 있지 않기로** 결심했다.
He decided __________ __________ __________ up late.

5
ⓐ 외국 문화에 대해 배우는 **것**
__________ learn about foreign cultures

ⓑ 그녀는 외국 문화에 대해 **배우기로** 계획했다.
She planned __________ __________ about foreign cultures.

ⓒ 외국 문화에 대해 **배우는 것은** 재미있다.
__________ is interesting __________ __________ about foreign cultures.

6
ⓐ 너 자신을 믿는 **것**
__________ believe in yourself

ⓑ 너 자신을 믿는 **것은** 중요하다.
__________ is important __________ __________ in yourself.

ⓒ 내 조언은 너 자신을 **믿으라는 것**이다.
My advice is __________ __________ in yourself.

STEP **2** 영작 완성하기

1 나의 아빠는 나에게 케이크를 사 주기로 약속하셨다. (promise, buy)

→ My dad ___________ ___________ ___________ me a cake.

2 롤러코스터를 타는 것은 굉장히 신났다. (ride)

→ ___________ was very exciting ___________ ___________ a roller coaster.

3 그녀의 습관은 매일 아침 물을 마시는 것이다. (drink, water)

→ Her habit ___________ ___________ ___________ ___________ every morning.

4 Robert의 목표는 기말시험에서 좋은 성적을 받는 것이다. (get good grades)

→ Robert's goal ___________ ___________ ___________ ___________ ___________ on his final exams.

5 Linda는 곧 일자리를 찾을 것으로 기대했다. (expect, find)

→ Linda ___________ ___________ ___________ a job soon.

STEP **3** 배열 영작하기

1 나의 꿈은 달로 여행 가는 것이다.　travel, is, to, to the moon

→ My dream ____ .

2 그녀의 계획은 오늘 저녁에 숙제를 끝내는 것이다.　finish, this evening, to, is, her homework

→ Her plan ____ .

3 이 이야기를 이해하는 것은 어렵다.　this story, is, difficult, to, it, understand

→ ____

4 Ken은 그 오디션에 합격하기를 바란다.　hopes, Ken, the audition, pass, to

→ ____

5 Andy는 만화책 몇 권을 가져오기로 약속했다.　to, Andy, some comic books, promised, bring

→ ____

to부정사가 명사나 대명사를 꾸며 주는 형용사 역할을 할 때는 '~할, ~하는'으로 해석한다.

She bought *a book*.

She bought *a book* **to read**.   그녀는 **읽을** 책 한 권을 샀다.

Please give me *something*.

Please give me *something* **to drink**.   저에게 **마실** 것을 주세요.

1 형용사적 용법의 to부정사 형태 익히기

e.g.	eat bread	먹을 빵	bread ___to___ ___eat___
1	drink milk	마실 우유	milk ___________ ___________
2	wear clothes	입을 옷	clothes ___________ ___________
3	save money	저축할 돈	money ___________ ___________
4	do homework	할 숙제	homework ___________ ___________
5	send a letter	보낼 편지	a letter ___________ ___________

2 형용사적 용법의 to부정사 형태 적용하기

보기	show	buy	solve	eat

1 그는 사야 할 많은 것들이 있다.   → He has many things ___________ ___________.

2 나는 그녀에게 보여 줄 사진이 몇 장 있다.   → I have some photos ___________ ___________ her.

3 Emily는 먹을 것을 주문했다.   → Emily ordered something ___________ ___________.

4 우리는 해결해야 할 어려운 문제가 있다.   → We have a difficult problem ___________ ___________.

# 4 to부정사의 부사적 용법

to부정사가 부사처럼 쓰일 때는 어떤 일에 대한 목적이나 감정의 원인 등의 의미를 나타낸다.

| 목적 | ~하기 위해 | My sister will study hard **to pass the exam**.
He went to the market **to buy some fruit**. |

cf. 목적의 의미를 강조할 때는 to부정사를 「in order to＋동사원형」으로 바꿔 쓸 수 있다.
We must hurry **in order to finish** the job.

| 감정의 원인 | ~해서, ~하게 되어 | I'm very glad **to meet you**.
He was surprised **to hear the news**. |

TIP 감정의 원인을 나타내는 to부정사는 감정을 나타내는 형용사(happy, sad, glad, pleased, excited 등) 뒤에 온다.

1 부사적 용법의 to부정사 의미 익히기

e.g. I'm happy to help you. → 나는 ______너를 돕게 되어______ 기쁘다.

1 My sister went to France to study. → 나의 언니는 ______________ 프랑스에 갔다.

2 They were shocked to hear the news. → 그들은 ______________ 충격 받았다.

3 Mike came here to meet me. → Mike는 ______________ 여기에 왔다.

4 Bob was pleased to work with them. → Bob은 ______________ 기뻤다.

2 부사적 용법의 to부정사 형태 적용하기

| 보기 |　　　see　　　　win　　　　borrow

1 그는 책을 좀 빌리기 위해 도서관에 갔다.

→ He went to the library __________ __________ some books.

2 우리는 그 마술 쇼를 보게 되어 신이 났다.

→ We were excited __________ __________ the magic show.

3 그 선수는 금메달을 따서 행복했다.

→ The player was happy __________ __________ a gold medal.

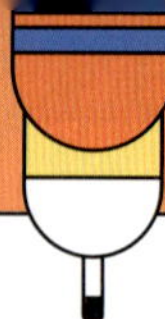

STEP 1 · to부정사 의미 확장하기

A 형용사적 용법으로 확장하기

1
ⓐ Jim은 돈이 필요하다.　　Jim needs money.　　(buy, sneakers)

ⓑ Jim은 **운동화를 살** 돈이 필요하다.　　Jim needs money ___________ ___________ ___________.

2
ⓐ 나는 드레스를 샀다.　　I bought a dress.　　(wear)

ⓑ 나는 오늘 밤에 **입을** 드레스를 샀다.　　I bought a dress ___________ ___________ tonight.

3
ⓐ Brad는 숙제가 있다.　　Brad has homework.　　(finish)

ⓑ Brad는 **끝내야 할** 숙제가 있다.　　Brad had homework ___________ ___________.

B 부사적 용법으로 확장하기

1
ⓐ 그들은 집에 갔다.　　They went home.　　(relax)

ⓑ 그들은 **쉬기 위해** 집에 갔다.　　They went home ___________ ___________.

2
ⓐ Lisa는 열심히 노력했다.　　Lisa tried hard.　　(succeed)

ⓑ Lisa는 **성공하기 위해** 열심히 노력했다.　　Lisa tried hard ___________ ___________.

3
ⓐ 우리는 놀랐다.　　We were surprised.　　(see, John)

ⓑ 우리는 **John을 보고서** 놀랐다.　　We were surprised ___________ ___________ ___________.

4
ⓐ 그는 슬펐다.　　He was sad.　　(say goodbye)

ⓑ 그는 **작별 인사를 하게 되어** 슬펐다.　　He was sad ___________ ___________ ___________.

5
ⓐ 그녀는 신났다.　　She was excited.　　(visit)

ⓑ 그녀는 박물관을 **방문하게 되어** 신났다.　　She was excited ___________ ___________ the museum.

STEP 2 영작 완성하기

1 지우는 밖을 보기 위해 창문을 열었다. (look outside)

→ Jiwoo opened the window ___________ ___________ ___________.

2 나에게 물어볼 것이 있니? (anything, ask)

→ Do you have ___________ ___________ ___________ me?

3 나는 내가 가장 좋아하는 영화배우를 보게 되어 기쁘다. (pleased, see)

→ I'm ___________ ___________ ___________ my favorite movie star.

4 이 도시에는 방문할 곳이 많다. (place, visit)

→ There are many ___________ ___________ ___________ in this city.

5 Kate는 다른 도시로 이사를 가게 되어 속상했다. (upset, move)

→ Kate was ___________ ___________ ___________ to another city.

STEP 3 배열 영작하기

1 나는 처음으로 해외여행을 하게 되어 신이 난다. for the first time, to, excited, travel abroad

→ I'm ___________________________________.

2 Rosa는 저녁 8시에 집에 도착하기 위해 일찍 떠났다. early, in, get home, order, to, left

→ Rosa ___________________________________ at 8 p.m.

3 Tina는 사진을 찍기 위해 자신의 스마트폰을 사용했다. used, take pictures, to, her smartphone

→ Tina ___________________________________.

4 나는 나를 도와줄 누군가가 필요했다. me, someone, I, to, help, needed

→ ___________________________________

5 Ben은 생일 선물을 받아서 행복해 보였다. happy, a birthday present, to, looked, Ben, get

→ ___________________________________

집중 훈련 **1** 틀린 부분 고치기
어법상 틀린 부분을 찾아 바르게 고치시오.

집중 훈련 **2** 영작 완성하기 (to부정사를 사용할 것)
주어진 말을 활용하여 문장을 완성하시오.

01
To read 100 books are my goal this year.
100권의 책을 읽는 것이 올해 나의 목표이다.

________ → ________

02
I'm glad visit my hometown again.
나는 고향을 다시 방문하게 되어 기쁘다.

________ → ________

03
Brian wants singing a song at the wedding.
Brian은 결혼식에서 노래를 부르기를 원한다.

________ → ________

04
Joe decided to not buy those shoes.
Joe는 저 신발을 사지 않기로 결정했다.

________ → ________

05
It is important keep our promises.
우리의 약속들을 지키는 것은 중요하다.

________ → ________

06
Please give me to drink something.
저에게 마실 것을 주세요.

________ → ________

07
He needs time to thinking about his future.
그는 그의 미래에 대해 생각할 시간이 필요하다.

________ → ________

08 이 기계를 사용하는 것은 쉽지 않다. (easy, use)

→ It is not __________________ this machine.

09 내 꿈은 변호사가 되는 것이다. (become)

→ My dream __________________ a lawyer.

10 Mike는 그 기차를 타기 위해 달렸다.
(run, catch the train)

→ Mike __________________.

11 그는 할 일이 많이 있다. (a lot of work, do)

→ He has __________________.

12 야구 경기를 보는 것은 재미있다.
(watch, baseball games)

→ __________________ fun.

13 Jill은 그 콘서트 표를 얻게 되어 기뻤다. (happy, get)

→ Jill __________________ a concert ticket.

14 Kate는 다시는 늦지 않기로 약속했다.
(promise, be late)

→ Kate __________________ again.

집중 훈련 **3** 통문장 영작하기 (to부정사를 사용할 것)
주어진 말을 활용하여 영작하시오.

15 Lauren은 화가가 되기를 희망한다.
(hope, become, a painter)

→ ___________________________________

16 나는 그의 이메일을 받고 놀랐다.
(surprised, receive, email)

→ ___________________________________

17 그녀의 직업은 동물들을 돌보는 것이다.
(job, take care of)

→ ___________________________________

18 그는 뉴스를 보기 위해 TV를 켰다.
(turn on the TV, watch the news)

→ ___________________________________

19 호수에서 수영하는 것은 멋지다.
(swim, in the lake, it, nice)

→ ___________________________________

20
A Did you call me?
B Yes. 나는 너에게 말할 것이 있어.
(have, something, tell)

→ ___________________________________

21
A How was the party last weekend?
B It was great!
나는 내 오랜 친구들을 만나서 기뻤어.
(pleased, meet, my old friends)

→ ___________________________________

집중 훈련 **4** 조건 영작하기
우리말과 의미가 같도록 〈조건〉에 맞게 영작하시오.

22 가위를 가지고 노는 것은 위험하다.

조건 **1** 주어진 말을 사용할 것
(play with, scissors, dangerous)
2 it을 반드시 사용할 것
3 to부정사를 사용할 것

→ ___________________________________

23 Mia는 그 사고에 대해 듣고 슬펐다.

조건 **1** to부정사를 반드시 포함할 것
2 8단어의 문장으로 쓸 것
3 〈보기〉의 단어들을 모두 사용할 것

| 보기 | hear | about | the accident |

→ ___________________________________

24 우리는 그 경기를 이기기 위해 열심히 연습했다.

조건 **1** 주어진 말을 모두 사용할 것
(practice hard, order, win the game)
2 필요시 형태를 변형할 것
3 9단어의 문장으로 쓸 것

→ ___________________________________

25 그는 컴퓨터 게임을 하지 않기로 결심했다.

조건 **1** 주어진 말을 활용할 것
(decide, play computer games)
2 7단어의 문장으로 쓸 것

→ ___________________________________

서술형 **1**   (3점)

우리말과 의미가 같도록 주어진 말을 바르게 배열하여 완전한 문장으로 쓰시오.

> Nate는 일자리를 얻어서 매우 기뻤다.
> (get, happy, to, Nate, very, a job, was)

→ _______________________________________

서술형 **2**   (4점)

우리말과 의미가 같도록 〈조건〉에 맞게 영작하시오.

> 나는 탄산음료를 마시지 않기로 약속했다.

조건 1 주어진 말을 사용하시오.
         (promise, drink, soda)
      2 6단어의 문장으로 서술하시오.

→ _______________________________________

서술형 **3**   (6점, 각 3점)

그림을 보고, 주어진 말을 사용하여 대화를 완성하시오.

A What is your dream?
B (1) My dream ______________________________.
   (2) I hope ______________ of wild animals.
       (a photographer, take pictures)

서술형 **4**   (3점)

우리말과 의미가 같도록 문장을 완성하시오.

> 별똥별을 보는 것은 쉽지 않다. (see)

→ ______________ is not ______________ ______________
  ______________ a shooting star.

서술형 **5**   (5점)

다음 글에서 어법상 틀린 부분을 찾아 바르게 고쳐 쓰시오.

> Yesterday was Father's Day. I woke up early to make breakfast. I also wrote a letter to my dad. He was surprised find the letter. It was wonderful to see his smile!

______________________ → ______________________

서술형 **6**   (9점, 각 3점)

다음 글의 밑줄 친 우리말과 의미가 같도록 주어진 말을 사용하여 문장을 완성하시오.

> (1) 여러분은 한국 문화를 경험하고 싶은가요? (want, experience) Then come to *Gyeongbokgung*.
> (2) 그 궁궐에는 구경할 것들이 많이 있습니다. (many things, see) You can see the changing of the guard there. (3) 더 많은 정보를 얻기 위해 웹사이트를 방문하세요. (get, more information)
>
> *the changing of the guard 수문장 교대식

(1) Do you ______________________ Korean culture?

(2) The palace has ______________________.

(3) Please visit the website ______________________
     ______________________.

동명사

A 동명사는 「동사원형+-ing」의 형태로 '~하기, ~하는 것'으로 해석한다. 동명사 뒤에는 목적어나 부사(구)가 올 수 있다.

동사	동명사	동명사구
draw →	**drawing** (그리기, 그리는 것) →	**drawing** pictures (그림을 그리는 것)
swim	**swimming** (수영하기, 수영하는 것)	**swimming** in the pool (수영장에서 수영하기)

B 동명사는 명사처럼 문장 안에서 주어, 목적어, 보어의 역할을 할 수 있다.

주어	**Walking** is good for your health. **Playing board games** is fun.
목적어	I enjoy **listening to K-pop**. He finished **doing the dishes**.
보어	My favorite exercise is **running**. Her hobby is **collecting coins**.

→ 주어로 쓰인 동명사(구)는 항상 단수 취급한다.

TIP 동사 enjoy, stop, finish, keep, avoid 등은 동명사를 목적어로 쓴다.
He *kept* **watching** videos all day.

1 동명사 형태 익히기

e.g.	work	일하기	_working_
	hard	열심히 일하기	_working_ _hard_
1	**drive**	운전하기	___________
	fast	빨리 운전하기	___________ ___________
2	**speak**	말하기	___________
	English	영어 말하기	___________ ___________
3	**send**	보내기	___________
	emails	이메일 보내기	___________ ___________
4	**walk**	걷기	___________
	in the park	공원에서 걷기	___________ ___________
5	**travel**	여행하기	___________
	around the world	전 세계를 여행하기	___________ ___________

2 동명사 **역할 익히기**

1 패스트푸드는 건강에 좋지 않다. → Fast food is not healthy.

패스트푸드를 먹는 것은 건강에 좋지 않다. (eat) → _______________ is not healthy.

2 나는 코미디를 좋아한다. → I like comedies .

나는 코미디 보는 것을 좋아한다. (watch) → I like _______________ .

3 내 취미는 축구이다. → My hobby is soccer .

내 취미는 축구를 하는 것이다. (play) → My hobby is _______________ .

3 동명사 **형태 적용하기**

| 보기 | worry   go   make   run   sing   paint   work |

1 일찍 잠자리에 드는 것은 좋은 습관이다.

→ ___________ to bed early is a good habit.

2 그들은 오후 3시까지 노래 부르기를 계속 했다.

→ They kept ___________ songs until 3 p.m.

3 그 남자는 그 가게에서 일하는 것을 그만두었다.

→ The man stopped ___________ at the store.

4 우리는 울타리를 칠하는 것을 끝냈다.

→ We finished ___________ the fence.

5 눈사람 만들기는 겨울에 내가 가장 좋아하는 활동이다.

→ ___________ snowmen is my favorite activity in the winter.

6 그녀는 자신의 개와 함께 달리는 것을 즐긴다.

→ She enjoys ___________ with her dog.

7 그의 문제는 너무 많이 걱정하는 것이다.

→ His problem is ___________ too much.

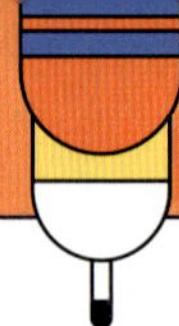

영작 기본 훈련

STEP 1 동명사 역할 비교하기

1
- **ⓐ** 나는 쿠키를 굽는다.
  I bake cookies.
- **ⓑ** **쿠키를 굽는 것은** 재미있다.
  _____________ _____________ is fun.
- **ⓒ** 내 취미는 **쿠키를 굽는 것**이다.
  My hobby is _____________ _____________.

2
- **ⓐ** 학생들은 과학을 배운다.
  Students learn science.
- **ⓑ** **과학을 배우는 것은** 흥미진진하다.
  _____________ _____________ is interesting.
- **ⓒ** 학생들은 **과학을 배우는 것을** 좋아한다.
  Students like _____________ _____________.

3
- **ⓐ** 그는 바다에서 수영한다.
  He swims in the sea.
- **ⓑ** 바다에서 **수영하는 것은** 어렵다.
  _____________ in the sea _____________ difficult.
- **ⓒ** 그는 바다에서 **수영하는 것을** 피한다.
  He avoids _____________ in the sea.

4
- **ⓐ** 그녀는 매일 채소를 먹는다.
  She eats vegetables every day.
- **ⓑ** **채소를 먹는 것은** 중요하다.
  _____________ _____________ is important.
- **ⓒ** 그녀의 건강한 습관은 **채소를 먹는 것**이다.
  Her healthy habit is _____________ _____________.

5
- **ⓐ** 그는 매일 아침 조깅을 한다.
  He jogs every morning.
- **ⓑ** **조깅 하는 것은** 그를 행복하게 만든다.
  _____________ makes him happy.
- **ⓒ** 그는 아침 식사 전에 **조깅 하는 것을** 끝낸다.
  He finishes _____________ before breakfast.

6
- **ⓐ** 그는 엽서를 모은다.
  He collects postcards.
- **ⓑ** **엽서를 모으는 것은** 그의 취미들 중 하나이다.
  _____________ _____________ is one of his hobbies.
- **ⓒ** 그는 **엽서 모으는 것을** 즐긴다.
  He enjoys _____________ _____________.

STEP **2** 영작 완성하기

1 반려동물을 기르는 것은 쉽지 않다. (have a pet)

→ ___________ ___________ ___________ ___________ not easy.

2 Ted는 지나치게 많이 인터넷 검색하는 것을 피한다. (avoid, surf)

→ Ted ___________ ___________ the Internet too much.

3 나의 직업은 아이들에게 미술을 가르치는 것이다. (teach, art)

→ My job is ___________ ___________ to children.

4 그의 나쁜 습관은 자신의 손톱을 물어뜯는 것이다. (bite his nails)

→ His bad habit is ___________ ___________ ___________.

5 규칙적으로 운동하는 것은 좋은 생각이다. (exercise regularly)

→ ___________ ___________ ___________ a good idea.

STEP **3** 배열 영작하기

1 Andy는 매일 플루트 연주하는 것을 연습했다. playing, the flute, practiced, Andy

→ ____ every day.

2 지수는 여행 준비하는 것을 마쳤다. preparing, finished, for the trip

→ Jisu ____.

3 안전벨트를 착용하는 것은 안전을 위해 중요하다. is, a seat belt, important, wearing

→ ____ for safety.

4 그가 가장 좋아하는 취미는 산에 오르는 것이다. mountains, is, favorite hobby, climbing

→ His ____.

5 그녀는 자신의 주말 계획에 대해 계속 이야기했다. kept, she, her weekend plans, talking about

→ ____

전치사 뒤에 오는 동명사

전치사 뒤에는 명사를 쓰거나 명사 역할을 하는 동명사를 쓴다.

> I'm interested *in* **history**.   <명사>
> I'm interested *in* **studying** history.   <동명사>

Thank you *for* **coming** here.
She is good *at* **drawing** cartoons.
We talked *about* **getting** a new job.

> 전치사 뒤에는 to부정사를 쓸 수 없고 동명사만 쓸 수 있다.
> I'm sorry *for* **calling** you late. (○)
> I'm sorry *for* to call you late. (×)

1 「전치사＋동명사」 형태 익히기

e.g.

| 음악에 관심이 있다 | → be interested in music |
| 음악을 연주하는 것에 관심이 있다 (play) | → be interested in _playing_ _music_ |

1 책에 대해 이야기하다 → talk about books

책을 쓰는 것에 대해 이야기하다 (write) → talk about __________ __________

2 여행에 신나다 → be excited about the trip

여행을 계획하는 것에 신나다 (plan) → be excited about __________ __________ __________

3 영어에 능숙하다 → be good at English

영어를 말하는 것에 능숙하다 (speak) → be good at __________ __________

4 실수에 대해 미안해하다 → be sorry for the mistake

실수를 반복한 것에 대해 미안해하다 (repeat) → be sorry for __________ __________ __________

2 「전치사＋동명사」 형태 적용하기

| 보기 | fix   learn   be   invite |

1 나를 초대해 줘서 고마워. → Thank you for __________ me.

2 내 남동생은 물건들을 고치는 데 능숙하다. → My brother is good at __________ things.

3 그녀는 집에 혼자 있는 것을 두려워한다. → She is afraid of __________ home alone.

4 Tim은 새로운 언어들을 배우는 것에 흥미가 있다. → Tim is interested in __________ new languages.

3 동명사 관용 표현

동명사를 사용한 관용 표현은 다음과 같다.

be busy -ing	~하느라 바쁘다	keep (on) -ing	계속 ~하다
go -ing	~하러 가다	dream of -ing	~하는 것을 꿈꾸다
feel like -ing	~하고 싶다	spend + 시간/돈 + -ing	~하는 데 시간/돈을 쓰다
be worth -ing	~할 가치가 있다	How(What) about -ing?	~하는 게 어때?

He **is busy chatting** with his friends.
I **feel like eating** out tonight.

The information **is worth knowing**.
How about buying some snacks?

1 동명사 관용 표현 익히기

e.g.	shop	쇼핑하러 가다	go _shopping_
	fish	낚시하러 가다	_go fishing_
1	see	볼 가치가 있다	be worth __________
	buy	살 가치가 있다	__________
2	study	공부하느라 바쁘다	be busy __________
	cook	요리하느라 바쁘다	__________
3	run	계속 달리다	keep on __________
	wait	계속 기다리다	__________

2 동명사 관용 표현으로 문장 완성하기

1 나는 그에게 말하고 싶지 않다. (talk)

→ I don't feel __________ __________ to him.

2 무대 위에서 노래하는 게 어때? (sing)

→ What __________ __________ on the stage?

3 그 소녀는 영화를 만드는 것을 꿈꾼다. (make)

→ The girl __________ __________ __________ movies.

4 그는 그 일을 끝내는 데 하루를 보냈다. (finish)

→ He __________ a day __________ the work.

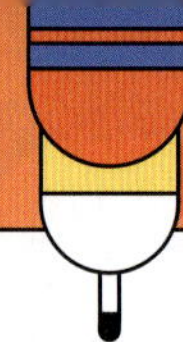

영작 기본 훈련

STEP 1 동명사 사용하여 의미 나타내기

1
ⓐ 나는 로봇을 만들기를 원한다.
I want to make robots.

ⓑ 나는 **로봇 만들기**에 관심이 있다.
I'm interested in ___________ ___________ .

2
ⓐ 그는 어제 한 시간 동안 조깅을 했다.
He jogged for an hour yesterday.

ⓑ 그는 어제 **조깅하는 데** 한 시간을 **보냈다**.
He ___________ an hour ___________ yesterday.

3
ⓐ 나는 이 뮤지컬을 보고 싶다.
I feel like watching this musical.

ⓑ 이 뮤지컬을 **보는 것은 어때**?
___________ about ___________ this musical?

4
ⓐ 우리는 개를 키우기로 결심했다.
We decided to get a dog.

ⓑ 우리는 **개를 키우는 것**에 대해 이야기했다.
We talked about ___________ ___________ ___________ .

5
ⓐ 많은 사람들이 이 소설을 읽었다.
Many people read this novel.

ⓑ 이 소설은 **읽을 가치가 있다**.
This novel is ___________ ___________ .

6
ⓐ Amy는 프랑스어를 잘 말한다.
Amy speaks French well.

ⓑ Amy는 **프랑스어를 말하는 것**에 능숙하다.
Amy is good at ___________ ___________ .

7
ⓐ 그의 꿈은 의사가 되는 것이다.
His dream is to become a doctor.

ⓑ 그는 의사가 **되는 것**을 꿈꾼다.
He dreams ___________ ___________ a doctor.

8
ⓐ Matt는 버스를 한 시간 동안 기다렸다.
Matt waited for the bus for one hour.

ⓑ Matt는 버스를 **기다리는 것**에 지쳤다.
Matt was tired of ___________ ___________ the bus.

STEP **2** 영작 완성하기

1 나는 우승자가 된 것이 자랑스럽다. (be, the winner)

→ I'm proud of ___________ ___________ ___________.

2 그들은 집을 청소하느라 바쁘다. (clean)

→ They ___________ ___________ ___________ the house.

3 회의에 늦어서 미안해. (be, late)

→ I'm sorry for ___________ ___________ to the meeting.

4 David는 쉬고 싶었다. (take a break)

→ David felt ___________ ___________ ___________ ___________.

5 Helen은 그녀의 새 책을 쓰는 데 일 년을 보냈다. (spend, write)

→ Helen ___________ ___________ ___________ ___________ her new book.

STEP **3** 배열 영작하기

1 Sally는 새로운 음식을 먹어 보는 것을 두려워한다.　new foods, is, trying, afraid of

→ Sally ____.

2 우리 가족은 주말마다 캠핑하러 간다.　goes, every weekend, camping

→ My family ____.

3 우리는 그 대회를 위해 계속해서 연습했다.　for, kept, we, the contest, practicing

→ ____

4 음악 수업을 듣는 게 어때?　what, taking, about, a music class

→ ____

5 내 상황을 이해해 줘서 고마워.　for, my situation, understanding, you, thank

→ ____

집중 훈련 1 틀린 부분 고치기
어법상 틀린 부분을 찾아 바르게 고치시오.

집중 훈련 2 영작 완성하기 (동명사를 사용할 것)
주어진 말을 활용하여 문장을 완성하시오.

01 He enjoys to play mobile games.
그는 모바일 게임을 하는 것을 즐긴다.

_____________ → _____________

02 Making mistakes are good for learning.
실수를 하는 것은 학습에 도움이 된다.

_____________ → _____________

03 Jim felt like watch a movie at the theater.
Jim은 영화관에서 영화를 보고 싶었다.

_____________ → _____________

04 How about to write the report together?
그 보고서를 함께 쓰는 게 어때?

_____________ → _____________

05 We decided to go to shopping.
우리는 쇼핑하러 가기로 결정했다.

_____________ → _____________

06 Jason spent two hours to study English.
Jason은 영어를 공부하는 데 두 시간을 보냈다.

_____________ → _____________

07 Kate avoids to drive at night.
Kate는 밤에 운전하는 것을 피한다.

_____________ → _____________

08 나의 문제는 중요한 것들을 잊는 것이다.
(forget, important things)

→ My problem _____________ .

09 Chris는 그 소설을 읽는 것을 끝냈다.
(finish, the novel)

→ Chris _____________ .

10 감사 카드를 쓰는 것은 좋은 생각이다.
(write, thank-you cards)

→ _____________
a good idea.

11 너의 컵을 깨서 미안해. (sorry for, break)

→ I'm _____________ .

12 Max는 어젯밤에 수학을 공부하느라 바빴다.
(busy, math)

→ Max _____________
last night.

13 우리는 세계를 여행하는 것을 꿈꾼다. (dream, travel)

→ _____________ around
the world.

14 Molly는 그 음악에 맞춰 춤추고 싶었다.
(feel like, to the music)

→ Molly _____________ .

집중 훈련 **3** 통문장 영작하기 (동명사를 사용할 것)
주어진 말을 활용하여 영작하시오.

15 그 박물관은 방문할 가치가 있다. (worth, visit)

→ _______________________________

16 너무 많이 걱정하는 것은 도움이 되지 않는다.
(worry too much, helpful)

→ _______________________________

17 그 영화는 오랜 친구를 찾는 것에 관한 것이다.
(the movie, about, find, old)

→ _______________________________

18 Julie는 나를 보고 싶어 하지 않았다. (feel, see)

→ _______________________________

19 저녁 식사로 피자를 먹는 게 어때?
(what, eat, for dinner)

→ _______________________________

20

> **A** Who takes care of these plants?
> **B** My mom does. 그녀는 식물들을 잘 기르셔.
> (be good at, grow plants)

→ _______________________________

21

> **A** Why didn't you answer my message?
> **B** Sorry. 나는 숙제를 하느라 바빴어.
> (busy, do my homework)

→ _______________________________

집중 훈련 **4** 조건 영작하기
우리말과 의미가 같도록 〈조건〉에 맞게 영작하시오.

22 그 고양이는 높은 나무들을 오르는 것을 두려워한다.

> 조건 **1** 주어진 말을 활용할 것
> (be afraid of, climb, tall)
> **2** 8단어의 문장으로 쓸 것

→ _______________________________

23 새로운 곳들로 여행하는 것은 멋지다.

> 조건 **1** 〈보기〉에 주어진 단어를 사용할 것
> **2** 필요시 형태를 변형할 것
> **3** 동명사를 사용할 것

> 보기 travel   to new places
> be   wonderful

→ _______________________________

24 그녀는 요가를 연습하는 데 그녀의 저녁 시간을 보냈다.

> 조건 **1** 주어진 말을 활용할 것
> (spend, evening, practice, yoga)
> **2** 6단어의 문장으로 쓸 것

→ _______________________________

25 우리는 그의 농담에 계속 웃었다.

> 조건 **1** 주어진 말을 활용할 것
> (keep, laugh at, jokes)
> **2** 동명사를 사용하여 6단어의 문장으로 쓸 것

→ _______________________________

서술형 **1**   (4점, 각 2점)

그림을 보고, 주어진 말을 활용하여 문장을 완성하시오.
(과거시제로 쓸 것)

(1) 

(2) 

(1) She ______________ ____________ lunch.
    (finish, eat)

(2) They ____________ ____________ ____________ for
    the party. (busy, prepare)

서술형 **2**   (3점)

다음 문장에서 어법상 틀린 부분을 찾아 바르게 고쳐 쓰시오.

> Jake dreamed of meet a famous actor.

_____________________ → _____________________

서술형 **3** NEW   (4점, 각 2점)

그림을 보고, 〈보기〉에 주어진 말을 한 번씩 활용하여 대화를
완성하시오.

보기	go	feel	stay	what

A It's sunny today. (1) ____________
    ____________ to the beach?

B I'm sorry. (2) I ____________ ____________
    ____________ at home.

서술형 **4**   (6점, 각 2점)

〈조건〉에 맞게 문장을 완성하시오.

> 조건 1 〈보기〉에서 알맞은 말을 골라 사용하시오.
>   2 동명사를 사용하시오.

보기	ride	swim	knock

(1) ____________ in the river can be dangerous.

(2) He stopped ____________ on the door.

(3) My favorite activity is ____________ a bike.

서술형 **5**   (4점)

다음 대화의 ①~⑤ 중 어법상 틀린 부분을 찾아 바르게 고쳐
쓰시오.

> **A** What do you want ①to be in the future?
> **B** ②Becoming a writer ③is my dream.
> **A** Wow. That sounds fantastic!
> **B** I spend two hours ④reading books every
>   day.
> **A** Oh, I think it is worth ⑤to do.

_____________________ → _____________________

서술형 **6**   (9점, 각 3점)

다음 글의 밑줄 친 우리말과 의미가 같도록 주어진 말을 활용하
여 문장을 완성하시오.

> My aunt is a chef. (1) <u>그녀는 이탈리아 음식을
> 요리하는 데 능숙하다.</u> (be good at, cook) (2) <u>그녀는
> 건강식 만들기에 관심이 있다.</u> (interested, make)
> (3) <u>그래서 그녀는 소금과 설탕을 너무 많이 사용하는
> 것을 피한다.</u> (avoid, use) I enjoy eating her food.

(1) She ____________________ Italian food.

(2) She ____________________ healthy food.

(3) So she ____________________ too much
    salt and sugar.

명사

A 셀 수 있는 명사가 하나일 때는 명사 앞에 a/an을 붙이고, 여러 개일 때는 복수형으로 쓴다.

I put **an apple** in the refrigerator.
They saw some **lions** in Africa.

B 셀 수 있는 명사의 복수형 만드는 법

규칙 변화	대부분의 명사	+ -s	girl → girl**s**	book → book**s**
	-s, -ch, -sh, -o, -x로 끝나는 명사	+ -es	bus → bus**es** potato → potato**es**	dish → dish**es** box → box**es**
	「자음+y」로 끝나는 명사	y → i + -es	baby → bab**ies**	lady → lad**ies**
	-f, -fe로 끝나는 명사	f, fe → v + -es	leaf → lea**ves**	knife → kni**ves**
불규칙 변화	man → **men** goose → **gee**se	woman → **wom**en mouse → **m**ice	foot → **fee**t child → **child**ren	tooth → **tee**th ox → **ox**en
형태가 같은 경우	fish → **fish**	sheep → **sheep**	deer → **deer**	

※ 예외: roof → roof**s**   piano → piano**s**   photo → photo**s**

---

1 셀 수 있는 명사의 **복수형 만들기**

1 a boy → two __________

2 a fox → four __________

3 a dish → three __________

4 a baby → five __________

5 a sheep → seven __________

6 a tooth → five __________

7 a wolf → three __________

8 a man → two __________

2 셀 수 있는 명사 **형태 적용하기**

보기	potato	orange	fish	roof

1 우리 마을에서는 많은 빨간색 지붕을 볼 수 있다. → You can see many red __________ in my town.

2 네가 이 오렌지들을 그 상자 안에 넣어 주겠니? → Can you put these __________ in the box?

3 그는 감자칩을 만들 감자 다섯 개가 필요하다. → He needs five __________ to make potato chips.

4 그들은 어젯밤에 물고기 세 마리를 잡았다. → They caught three __________ last night.

2 셀 수 없는 명사

A 셀 수 없는 명사는 항상 단수형으로 쓰며, 명사 앞에 a/an을 붙이지 않는다.

물질을 나타내는 명사	water, cheese, bread, sugar, salt, rice, sand 등
추상적인 개념을 나타내는 명사	love, hope, health, peace, beauty, information 등

⌁ 정해진 형태가 없거나 세기 힘든 물질을 말한다.

My sister doesn't like **milk**.
Friendship is important in our lives.

B 셀 수 없는 명사의 수량은 그것을 담는 용기나 세는 단위를 사용하여 나타낸다.

컵/잔	**a cup of** tea/coffee	잔	**a glass of** juice/milk/water
그릇	**a bowl of** rice/soup/cereal	숟가락	**a spoonful of** sugar/salt
병	**a bottle of** water/juice	덩어리	**a loaf of** bread
장	**a piece(sheet) of** paper	조각/장	**a piece(slice) of** cake/pizza/cheese/pie

TIP 셀 수 없는 명사의 복수는 용기나 단위를 복수형으로 바꿔 표현한다.

She bought **two bottles of** water. (○)　　　two bottle of waters (×)

1 셀 수 없는 명사의 수량 표현 익히기

1 파이 한 조각　→ ＿＿＿＿＿＿＿ pie

2 설탕 한 숟가락　→ ＿＿＿＿＿＿＿ sugar

3 밥 한 그릇　→ ＿＿＿＿＿＿＿ rice

4 주스 한 병　→ ＿＿＿＿＿＿＿ juice

5 차 두 잔(컵)　→ ＿＿＿＿＿＿＿ tea

6 탄산음료 세 잔　→ ＿＿＿＿＿＿＿ soda

7 빵 두 덩어리　→ ＿＿＿＿＿＿＿ bread

8 치즈 네 조각　→ ＿＿＿＿＿＿＿ cheese

2 셀 수 없는 명사의 수량 표현 적용하기

1 나는 시리얼 두 그릇을 먹었다. (cereal)

→ I ate ＿＿＿＿＿ ＿＿＿＿＿ ＿＿＿＿＿ ＿＿＿＿＿.

2 Jack은 햄버거 한 개와 물 한 병을 주문했다. (water)

→ Jack ordered a hamburger and ＿＿＿＿＿ ＿＿＿＿＿ ＿＿＿＿＿ ＿＿＿＿＿.

3 제가 종이 한 장을 빌릴 수 있나요? (paper)

→ Can I borrow ＿＿＿＿＿ ＿＿＿＿＿ ＿＿＿＿＿ ＿＿＿＿＿?

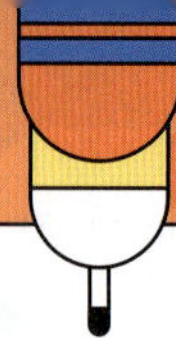

STEP 1 명사의 수량 표현 비교하기

1
ⓐ 무대 위에 피아노 한 대가 보인다.
I see a piano on the stage.

ⓑ 무대 위에 **피아노 두 대**가 보인다.
I see ____________ ____________ on the stage.

2
ⓐ 거위 한 마리가 호수에 있다.
A goose is in the lake.

ⓑ **거위 세 마리**가 호수에 있다.
____________ ____________ are in the lake.

3
ⓐ 그는 샌드위치 한 개를 만들었다.
He made a sandwich.

ⓑ 그는 **샌드위치 두 개**를 만들었다.
He made ____________ ____________.

4
ⓐ 사슴 한 마리가 동물원에 있다.
A deer is in the zoo.

ⓑ **사슴 열 마리**가 동물원에 있다.
____________ ____________ are in the zoo.

5
ⓐ 그녀는 빵을 샀다.
She bought bread.

ⓑ 그녀는 **빵 한 덩어리**를 샀다.
She bought ____________ ____________ ____________ ____________.

6
ⓐ 나는 주스를 마셨다.
I drank juice.

ⓑ 나는 **주스 세 잔**을 마셨다.
I drank ____________ ____________ ____________ ____________.

7
ⓐ Amy는 수프를 먹었다.
Amy ate soup.

ⓑ Amy는 **수프 두 그릇**을 먹었다.
Amy ate ____________ ____________ ____________ ____________.

8
ⓐ Jim은 피자를 주문했다.
Jim ordered pizza.

ⓑ Jim은 **피자 네 조각**을 주문했다.
Jim ordered ____________ ____________ ____________ ____________.

STEP **2** 영작 완성하기

1 그 사업가는 지난달에 도시 세 곳을 방문했다. (city)

→ The businessman visited ___________ ___________ last month.

2 그녀는 상자 일곱 개를 위층으로 옮겼다. (box)

→ She carried ___________ ___________ upstairs.

3 그는 고기를 자르기 위해 칼 두 자루가 필요했다. (knife)

→ He needed ___________ ___________ to cut the meat.

4 그 농부는 황소 여덟 마리를 키운다. (ox)

→ The farmer raises ___________ ___________.

5 빵집에서 빵 다섯 덩어리를 사다 주겠니? (loaf, bread)

→ Can you buy ___________ ___________ ___________ ___________ from the bakery?

STEP **3** 배열 영작하기

1 우유 한 컵을 달걀 한 개와 함께 섞어야 한다. with an egg, a cup of, mix, milk

→ You have to ____.

2 Daniel은 오늘 아침에 초콜릿 세 조각을 먹었다. this morning, three pieces of, ate, chocolate

→ Daniel ____.

3 우리는 수요일마다 6개의 수업이 있다. six, we, have, classes

→ ____ every Wednesday.

4 우리는 돈으로 행복을 살 수 없다. happiness, we, buy, with money, can't

→ ____

5 건강은 우리에게 매우 중요하다. is, health, to, very, us, important

→ ____

There + be동사

「There+be동사」는 '~(들)이 있다/있었다'라는 의미로, be동사 뒤에 오는 명사가 단수이면 is/was를 쓰고, 복수이면 are/were를 쓴다.

There is / was + 단수명사 셀 수 없는 명사	**There is** *an orange* in the basket. **There was** *water* on the floor.
There are / were + 복수명사	**There are** *ten students* in the classroom. **There were** *beautiful flowers* in the park.

주의 「There+be동사」 구문에서 There는 '거기에'라고 해석하지 않는다.

TIP 「There+be동사」의 부정문은 「There+be동사+not」 형태로, 의문문은 「Be동사+there ~?」 형태로 쓴다.

There are not(aren't) many books in my room.
Is there a mirror on the wall?

1 「There + be동사」 형태 익히기 (현재시제로 쓸 것)

1 ____________ ____________ three books on the table.

2 ____________ ____________ a sofa in the living room.

3 ____________ ____________ sharks in the sea.

4 ____________ ____________ tomato juice in the cup.

5 ____________ ____________ four seasons in Korea.

2 「There + be동사」 형태 적용하기

보기	snow	information	month	bird	butterfly	child

1 놀이터에 다섯 명의 아이들이 있다. → There __________ five __________ in the playground.

2 나무에 새 한 마리가 있었다. → There __________ a __________ in the tree.

3 일 년에는 열 두 달이 있다. → There __________ twelve __________ in a year.

4 정원에 나비들이 많이 있었다. → There __________ many __________ in the garden.

5 웹사이트에 유용한 정보가 있다. → There __________ useful __________ on the website.

6 도로 위에는 눈이 있었다. → There __________ __________ on the road.

 4 수량 형용사와 함께 쓰는 명사

명사 앞에 수량 형용사를 써서 명사의 수와 양을 나타낼 수 있다.

많은	**many** + 복수명사	**Many** *cookies* are in the box.
	much + 셀 수 없는 명사	There isn't **much** *water* in the cup.
	a lot of + 복수명사 (**lots of**) + 셀 수 없는 명사	**A lot of** *cookies* are in the box. There is **lots of** *water* in the cup.
약간의, 조금 있는	**a few** + 복수명사	There are **a few** *students* on the bus.
	a little + 셀 수 없는 명사	She has **a little** *money*.
	some + 복수명사 셀 수 없는 명사	There are **some** *students* on the bus. She has **some** *money*.
거의 없는	**few** + 복수명사	There are **few** *students* on the bus.
	little + 셀 수 없는 명사	She has **little** *money*.

--------→ much는 부정문과 의문문에 주로 사용한다.

주의 few와 little은 부정의 의미를 나타내므로 not과 함께 쓰지 않는다.

---

1 알맞은 수량 형용사 고르기

1 (many / much) books

2 (a few / a little) milk

3 (few / little) vegetables

4 (a lot of / much) cars

5 (many / much) time

6 (few / little) juice

7 (some / a few) sugar

8 (a few / a little) cups

2 수량 형용사 형태 적용하기 (<보기>의 표현을 한 번씩만 쓸 것)

| 보기 | few | some | a lot of | much |

1 나는 연필 몇 자루를 샀다.　　　→ I bought __________ pencils.

2 많은 소녀들이 그 콘서트에 왔다.　→ __________ girls came to the concert.

3 그는 수프에 너무 많은 소금을 넣었다.　→ He put too __________ salt in the soup.

4 교실에는 학생들이 거의 없었다.　→ __________ students were in the classroom.

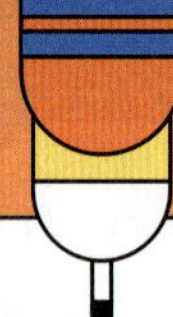

영작 기본 훈련

STEP 1 명사 종류에 따른 수량 표현 비교하기

1
ⓐ 집에 고양이 한 마리가 **있다.**
There _________ a cat in the house.

ⓑ **몇 마리의** 고양이들이 집에 있다.
_________ _________ cats are in the house.

2
ⓐ 접시 위에 버터가 **있었다.**
There _________ butter on the plate.

ⓑ Lucy는 빵에 **약간의** 버터를 발랐다.
Lucy put _________ butter on the bread.

3
ⓐ 탁자 위에 커피 한 잔이 **있다.**
There _________ a cup of coffee on the table.

ⓑ Cindy는 커피에 **약간의** 설탕을 넣었다.
Cindy put _________ _________ sugar in the coffee.

4
ⓐ 그의 책장에는 책이 **거의 없다.**
There _________ _________ books on his bookshelf.

ⓑ Steven은 책을 읽을 시간이 **거의 없다.**
Steven has _________ time to read books.

5
ⓐ 인터넷 상에는 **많은** 정보가 **있다.**
There _________ _________ _________ _________ information on the Internet.

ⓑ 사람들은 매일 **많은** 웹사이트를 방문한다.
People visit _________ websites every day.

6
ⓐ 그 축제에는 **많은** 관광객들이 **있었다.**
There _________ _________ tourists at the festival.

ⓑ **많은** 관광객들이 그 축제를 즐겼다.
_________ _________ tourists enjoyed the festival.

7
ⓐ 냉장고에는 음식이 **거의 없었다.**
There _________ _________ food in the fridge.

ⓑ 나는 점심으로 **많은** 음식을 먹지 않았다.
I didn't eat _________ food for lunch.

8
ⓐ 건물 안에 사람들이 **거의 없다.**
There _________ _________ people in the building.

ⓑ **몇몇** 사람들이 건물 밖에 서 있다.
_________ people are standing outside the building.

STEP 2 영작 완성하기

1 나는 질문이 몇 개 있다. (question)

→ I have ___________ ___________.

2 James는 몇 가지 취미를 가지고 있다. (hobby)

→ James has ___________ ___________ ___________.

3 이 공원에는 벤치가 많이 있다. (bench)

→ There ___________ ___________ ___________ ___________ in this park.

4 병에는 약간의 설탕이 있었다. (sugar)

→ There ___________ ___________ ___________ ___________ in the jar.

5 이 시간에는 가게에 손님이 거의 없다. (customer)

→ There ___________ ___________ ___________ in the store at this time.

STEP 3 배열 영작하기

1 나는 내 어릴 적 사진을 많이 가지고 있다.　photos, I, a lot of, have

→ ____ of my childhood.

2 말 몇 마리가 당근을 먹고 있다.　eating, are, horses, carrots, some

→ ____

3 책상 위에 스마트폰이 있니?　a smartphone, on, is, the desk, there

→ ____

4 밤 하늘에 별이 많이 있다.　many, the night sky, stars, there, in, are

→ ____

5 그녀는 가족들과 시간을 거의 보내지 않는다.　her family, with, little, she, time, spends

→ ____

집중 훈련 1 틀린 부분 고치기
어법상 <u>틀린</u> 부분을 찾아 바르게 고치시오.

집중 훈련 2 영작 완성하기
주어진 말을 활용하여 문장을 완성하시오.

01 Leafes turn red and yellow in the fall.
나뭇잎들은 가을에 빨간색과 노란색으로 변한다.

__________ → __________

02 There is some rabbits at the park.
공원에 몇 마리 토끼들이 있다.

__________ → __________

03 My parents grow tomatos in the garden.
내 부모님은 정원에서 토마토를 기르신다.

__________ → __________

04 She used ten sheet of papers.
그녀는 종이 열 장을 사용했다.

__________ → __________

05 The cat caught two mouses.
그 고양이는 생쥐 두 마리를 잡았다.

__________ → __________

06 She added some salts to the soup.
그녀는 수프에 약간의 소금을 추가했다.

__________ → __________

07 She needs lots of sandwichs.
그녀는 많은 샌드위치가 필요하다.

__________ → __________

08 침대에 아기 두 명이 있다. (baby, in the bed)

→ There _______________________.

09 선반 위에 접시 몇 개가 있다.
(a few, dish, on the shelf)

→ There _______________________.

10 그는 가족에 대한 사랑이 많다. (have, a lot of)

→ He _______________ for his family.

11 몇 명의 아이들이 놀이터에서 눈사람을 만들었다.
(some, child, a snowman)

→ _______________________
in the playground.

12 두 명의 남자가 30병의 물을 우리 반에 가져왔다.
(bring, bottle)

→ _______________________
_______________ to my class.

13 우리는 그 시험을 준비할 시간이 많지 않다.
(have, much)

→ We _______________________
to prepare for the test.

14 나는 기름 세 숟가락을 팬에 넣었다.
(put, spoonful, oil)

→ _______________________ in the pan.

주어진 말을 활용하여 영작하시오.

15 나는 들판에서 사슴 세 마리를 보았다.
(see, deer, in the field)

→ _______________________________

16 그 소년은 케이크 두 조각을 먹었다. (piece, eat)

→ _______________________________

17 나는 약간의 치즈와 빵 한 덩어리를 샀다.
(buy, cheese, bread)

→ _______________________________

18 연못에는 물고기 몇 마리가 있다. (there, in the pond)

→ _______________________________

19 Ben은 많은 돈을 저축했다. (save, money)

→ _______________________________

20

A I'm making a cake. <u>나는 버터가 좀 필요해.</u>
(need, some)
B Oh, I will go to the store.

→ _______________________________

21

A Let's go to the zoo.
B Sounds great!
<u>우리는 그곳에서 많은 동물들을 볼 수 있어.</u>
(see, animal, there)

→ _______________________________

우리말과 의미가 같도록 〈조건〉에 맞게 영작하시오.

22 Daniel은 피자 세 조각을 주문했다.

조건 **1** 주어진 단어를 활용할 것
(order, slice, pizza)
　　 2 개수는 영어로 쓸 것

→ _______________________________

23 나의 언니는 많은 치마를 가지고 있다.

조건 **1** 주어진 단어를 활용할 것
(sister, skirt)
　　 2 7단어의 문장으로 서술할 것

→ _______________________________

24 냉장고에 달걀이 조금 있었다.

조건 **1** 주어진 말을 활용할 것
(there, egg, in the fridge)
　　 2 다음 중 알맞은 말을 골라 쓸 것
(a few, few, a little, little)

→ _______________________________

25 나는 조깅 후에 물을 많이 마시지 않았다.

조건 **1** 주어진 말을 사용할 것
(drink, water, after jogging)
　　 2 다음 중 알맞은 말을 골라 쓸 것
(many, much, some)
　　 3 줄임말을 쓸 것

→ _______________________________

서술형 **1** (4점, 각 2점)

우리말과 의미가 같도록 〈보기〉에서 알맞은 말을 골라 문장을 완성하시오.

| 보기 | a lot of | a bowl of | a glass of |

(1) 나는 수프 한 그릇을 주문했다.

→ I ordered ___________________.

(2) 겨울에는 눈이 많이 온다.

→ We have ___________________ in winter.

서술형 **2** (6점, 각 3점)

그림을 보고, 문장을 완성하시오.

(1)  (2) 

(1) Jessica had __________ __________ __________ pie and __________ __________ __________ coffee.

(2) The farmer has __________ __________.

서술형 **3** (3점)

다음 대화의 ①~⑤ 중 어법상 틀린 부분을 찾아 바르게 고쳐 쓰시오.

> **A** Let's get something to eat.
> **B** Okay. I'd like ① a glass of ② juice and ③ a sandwich.
> **A** I want some ④ cookie and ⑤ milk.

______________ → ______________

서술형 **4** (5점)

우리말과 의미가 같도록 〈조건〉에 맞게 영작하시오.

> 그들에게는 희망이 거의 없었다.

> 조건 **1** 「There+be동사」 구문을 사용하시오.
> 　　 **2** 주어진 말을 사용하시오.
> 　　　 (hope, for them)
> 　　 **3** 다음 중 알맞은 말을 골라 쓰시오.
> 　　　 (a few, few, a little, little)

→ ________________________________

서술형 **5** NEW (4점)

다음 밑줄 친 a를 two로 바꿔 문장을 다시 쓰시오.

> There is a bench under the tree.

→ ________________________________

서술형 **6** (8점, 각 2점)

다음 그림에 나온 재료들의 개수를 보고, 문장을 완성하시오.

> We will make sandwiches.
> What we need:
> (1) 　　　 (2) 　　　 (3) 　　　 (4)
>    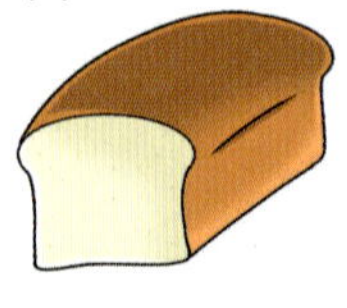

We need (1) ________________________________,

(2) ________________________________,

(3) ________________________________, and

(4) ________________________________

to make sandwiches.

비교

형용사나 부사의 원급 에 -(e)r을 붙이거나 앞에 more를 써서 '더 ~한/하게'라는 의미를 나타낸다.

> 형용사나 부사의 원래 형태를 뜻한다.

			원급	비교급
규칙 변화	대부분의 경우	+-er	tall	tall**er**
	-e로 끝나는 경우	+-r	large	larger
	「단모음+단자음」으로 끝나는 경우	자음 추가+-er	big	big**ger**
	「자음+y」로 끝나는 경우	y→i+-er	easy	eas**ier**
	2음절 이상인 경우	**more**+원급	useful	**more** useful
불규칙 변화	good/well – **better**	bad – **worse**	many/much – **more**	little – **less**

TIP 부사의 비교급은 대부분 부사 앞에 more를 붙인다. -ly로 끝나지 않는 일부 부사의 경우 -er을 붙여 만든다.

slowly – **more** slowly　　　hard – hard**er**

1 비교급 만들기

	원급	비교급			원급	비교급
1	strong			7	short	
2	happy			8	nice	
3	well			9	little	
4	difficult			10	interesting	
5	popular			11	fat	
6	quickly			12	healthy	

2 비교급 형태 익히기

1 **tall**　　나는 키가 더 컸다.　　→ I grew ______________.

2 **good**　　너의 카메라가 더 좋다.　　→ Your camera is ______________.

3 **big**　　이 신발이 더 크다.　　→ These shoes are ______________.

4 **expensive**　　이 새 자전거가 더 비싸다.　　→ This new bike is ______________.

5 **easy**　　그 시험은 더 쉬웠다.　　→ The exam was ______________.

2 비교급＋than

두 대상을 비교하여 '~보다 더 …한/하게'라고 표현할 때 「형용사/부사의 비교급＋than」을 쓴다.

Louis is tall.	〈원급〉
Louis is **taller than** Matt.	〈비교급〉

비교 대상

Kelly plays the violin **better than** me.
Michael runs **faster than** Jordan.

TIP 비교급 문장에서 비교 대상은 서로 같은 형태이거나 성격이어야 하며, 앞에 나온 명사가 중복되는 것을 피하기 위해 than 뒤에는 소유대명사나 대명사 one을 쓰기도 한다.

My hair is shorter than **Mary's**.   <Mary's = Mary's hair>
My dog is bigger than **yours**.   <yours = your dog>
This book is more interesting than **that one**.   <that one = that book>

1 「비교급+than」 형태 적용하기

1 Kate는 그녀의 팀 동료들보다 더 열심히 일한다. (hard)

→ Kate works ＿＿＿＿＿＿ ＿＿＿＿＿＿ her teammates.

2 내 시험 점수는 너의 시험 점수보다 더 낮다. (low)

→ My exam score is ＿＿＿＿＿＿ ＿＿＿＿＿＿ yours.

3 이번 여름은 지난여름보다 더 덥다. (hot)

→ This summer is ＿＿＿＿＿＿ ＿＿＿＿＿＿ last summer.

4 오늘 날씨는 어제 날씨보다 더 안 좋다. (bad)

→ Today's weather is ＿＿＿＿＿＿ ＿＿＿＿＿＿ yesterday's.

5 John이 너보다 더 일찍 도착했다. (early)

→ John arrived ＿＿＿＿＿＿ ＿＿＿＿＿＿ you.

6 이 케이크가 저 케이크보다 더 맛있어 보인다. (delicious)

→ This cake looks ＿＿＿＿＿＿ ＿＿＿＿＿＿ ＿＿＿＿＿＿ that one.

7 중국어를 배우는 것은 스페인어를 배우는 것보다 더 어렵다. (difficult)

→ Learning Chinese is ＿＿＿＿＿＿ ＿＿＿＿＿＿ ＿＿＿＿＿＿ learning Spanish.

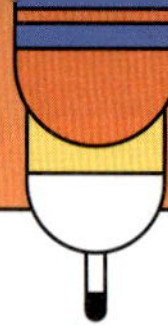

STEP 1 비교급 문장 확장하기

1
ⓐ 이 상자는 무겁다.　　This box is heavy.
ⓑ 이 상자는 저 상자**보다 더 무겁다**.　　This box is _________________ that one.

2
ⓐ 그녀의 방은 넓다.　　Her room is large.
ⓑ 그녀의 방은 그녀의 여동생 방**보다 더 넓다**.　　Her room is _________________ her sister's.

3
ⓐ 자전거를 타는 것은 쉽다.　　Riding a bicycle is easy.
ⓑ 자전거를 타는 것은 스키 타기**보다 더 쉽다**.　　Riding a bicycle is _________________ skiing.

4
ⓐ Matt은 현명하다.　　Matt is wise.
ⓑ Matt은 그의 형**보다 더 현명하다**.　　Matt is _________________ his brother.

5
ⓐ 이 노트북은 유용하다.　　This laptop is useful.
ⓑ 이 노트북은 저 노트북**보다 더 유용하다**.　　This laptop is _________________ that one.

6
ⓐ 그 소파는 편안하다.　　The sofa is comfortable.
ⓑ 그 소파는 이 의자**보다 더 편안하다**.　　The sofa is _________________ this chair.

7
ⓐ Amy는 빨리 먹는다.　　Amy eats fast.
ⓑ Amy는 Jenny**보다 더 빨리** 먹는다.　　Amy eats _________________ Jenny.

8
ⓐ James는 신중하게 말한다.　　James talks carefully.
ⓑ James는 Tom**보다 더 신중하게** 말한다.　　James talks _________________ Tom.

STEP **2** 영작 **완성하기**

| 보기 | bright   popular   big   expensive   busy

1 금성은 화성보다 더 크다.

→ Venus is ___________ ___________ Mars.

2 다음 주는 이번 주보다 더 바쁠 것이다.

→ Next week will be ___________ ___________ this week.

3 거실은 침실보다 더 밝다.

→ The living room is ___________ ___________ the bedroom.

4 그의 새 차는 예전 차보다 더 비싸다.

→ His new car is ___________ ___________ ___________ his old one.

5 그 카페의 디저트는 그곳의 커피보다 더 인기 있다.

→ The cafe's desserts are ___________ ___________ ___________ its coffee.

STEP **3** 배열 **영작하기**

1 건강은 돈보다 더 중요하다. money, important, than, more

→ Health is ____.

2 이 가방은 저 가방보다 더 싸다. cheaper, that one, than, is

→ This bag ____.

3 콘서트에 가는 것이 앨범을 듣는 것보다 더 신났다. was, listening to the album, more, than, exciting

→ Going to the concert ____.

4 그 버스는 그 기차보다 더 빨리 올 것이다. sooner, will come, the train, than

→ The bus ____.

5 지난 경기에서 나의 팀은 너희 팀보다 더 운이 좋았다. my team, your team, was, than, luckier

→ In the last game, ____.

형용사나 부사의 원급에 -(e)st를 붙이거나 앞에 most를 써서 '가장 ~한/하게'라는 의미를 나타낸다.

			원급	비교급	최상급
규칙 변화	대부분의 경우	+-est	tall	taller	tall**est**
	-e로 끝나는 경우	+-st	large	larger	large**st**
	「단모음+단자음」으로 끝나는 경우	자음 추가+-est	big	bigger	big**gest**
	「자음+y」로 끝나는 경우	y → i+-est	easy	easier	eas**iest**
	2음절 이상인 경우	**most**+원급	difficult	more difficult	**most** difficult
불규칙 변화	good/well – better – **best**			bad – worse – **worst**	
	many/much – more – **most**			little – less – **least**	

TIP 부사의 최상급은 대부분 부사 앞에 most를 붙인다. -ly로 끝나지 않는 일부 부사의 경우 -est를 붙여 만든다.

easily – more easily – **most** easily   fast – faster – fast**est**

1 비교급과 최상급 만들기

원급	비교급	최상급
1 rich		
2 good		
3 funny		
4 colorful		
5 great		

원급	비교급	최상급
6 near		
7 wise		
8 thin		
9 slowly		
10 famous		

2 최상급 형태 익히기

1 **wide** 가장 넓은 강 → the __________ river

2 **high** 가장 높은 산 → the __________ mountain

3 **big** 가장 큰 방 → the __________ room

4 **hot** 가장 더운 날 → the __________ day

5 **bad** 가장 안 좋은 경험 → the __________ experience

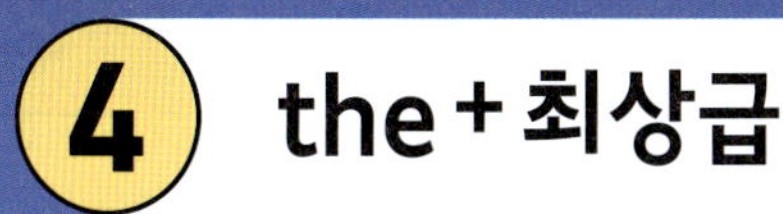 the + 최상급

셋 이상의 대상을 비교하여 '가장 ~한/하게'라고 표현할 때 「the + 최상급」을 쓴다.

Louis is tall.	〈원급〉
Louis is taller than Matt.	〈비교급〉
Louis is **the tallest** in his class.	〈최상급〉

Bob is **the biggest** of my dogs.
This book is **the most useful** to me.
That player runs **(the) fastest**.
→ 부사의 최상급 앞에서는 the를 주로 생략한다.

TIP 최상급 문장에서 비교 대상이나 범위는 「of + 복수명사/숫자/기간」 또는 「in + 장소/범위의 단수명사」의 형태로 쓴다.

Brian is **the tallest** *of my friends*.
The cheetah is **the fastest** animal *in the world*.

1 「the+최상급」 형태 적용하기

1 오늘이 내 인생에서 가장 행복한 날이다. (happy)

→ Today is _________________ day of my life.

2 나의 아빠는 가족 중에서 가장 나이가 많은 사람이다. (old)

→ My dad is _________________ person in my family.

3 Jamie는 그 셋 중에서 가장 똑똑하다. (smart)

→ Jamie is _________________ of the three.

4 이 식당은 우리 동네에서 가장 인기 있다. (popular)

→ This restaurant is _________________ in my town.

5 가장 이른 항공편이 언제인가요? (early)

→ When is _________________ flight?

6 Amy는 내 친구들 중에서 가장 수영을 잘한다. (good)

→ Amy swims _________________ of my friends.

7 딸기 케이크가 그 빵집에서 가장 맛있는 품목이다. (delicious)

→ The strawberry cake is _________________ item in the bakery.

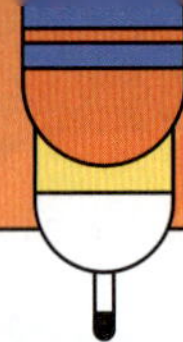

STEP 1 비교급과 최상급 문장 비교하기

1
ⓐ Ellie는 어리다.
Ellie is young.

ⓑ Ellie는 나**보다** 더 **어리다**.
Ellie is __________ __________ me.

ⓒ Ellie는 나의 가족 중에서 **가장 어린** 사람이다.
Ellie is __________ __________ person in my family.

2
ⓐ 이 책은 두껍다.
This book is thick.

ⓑ 이 책은 저 책**보다** 더 **두껍다**.
This book is __________ __________ that one.

ⓒ 이 책은 도서관에서 **가장 두껍다**.
This book is __________ __________ in the library.

3
ⓐ 그녀는 노래를 잘한다.
She sings well.

ⓑ 그녀는 노래를 다른 학생들**보다** 더 **잘한다**.
She sings __________ __________ the other students.

ⓒ 그녀는 나의 학교에서 노래를 **가장 잘한다**.
She sings __________ __________ in my school.

4
ⓐ 수학 시험은 쉬웠다.
The math test was easy.

ⓑ 수학 시험은 영어 시험**보다** 더 **쉬웠다**.
The math test was __________ __________ the English test.

ⓒ 수학 시험은 모든 시험들 중에서 **가장 쉬웠다**.
The math test was __________ __________ of all the tests.

5
ⓐ 이 수영장은 깊다.
This pool is deep.

ⓑ 이 수영장은 어린이 수영장**보다** 더 **깊다**.
This pool is __________ __________ the kids' pool.

ⓒ 이 수영장은 스포츠 클럽에서 **가장 깊은** 수영장이다.
This pool is __________ __________ one in the sports club.

6
ⓐ 나의 엄마는 천천히 운전한다.
My mom drives slowly.

ⓑ 나의 엄마는 아빠**보다** 더 **천천히 운전한다**.
My mom drives __________ __________ __________ my dad.

ⓒ 나의 엄마는 가족 중에서 **가장 천천히 운전한다**.
My mom drives __________ __________ __________ in my family.

STEP **2** 영작 완성하기

| 보기 | big   short   bad   valuable   colorful

1 2월은 일 년 중에서 가장 짧은 달이다. (month)

➡ February is ___________________________ of the year.

2 이 그림은 그 미술관에서 가장 가치 있다.

➡ This painting is ___________________________ in the museum.

3 이 스카프가 내 물건들 중에서 가장 색이 다채롭다.

➡ This scarf is ___________________________ of my items.

4 나는 어젯밤에 내 인생 최악의 악몽을 꿨다. (nightmare)

➡ I had ___________________________ of my life last night.

5 300mm가 그 신발 가게에서 가장 큰 치수이다. (size)

➡ 300 mm is ___________________________ in the shoe store.

STEP **3** 배열 영작하기

1 Scott 선생님의 수업이 나에게 가장 도움이 되었다. the, to me, helpful, most

➡ Mr. Scott's class was ___________________________.

2 그 장면이 그 영화에서 가장 슬픈 장면이었다. in, saddest, the movie, the, one

➡ That scene was ___________________________.

3 이것은 내 옷장에서 가장 근사한 재킷이다. jacket, the, in, nicest, my closet

➡ This is ___________________________.

4 바티칸 시국은 세계에서 가장 작은 나라이다. smallest, in, country, the world, the

➡ Vatican City is ___________________________.

5 가족이 모든 것들 중에서 가장 중요하다. all things, of, most, the, important

➡ Family is ___________________________.

집중 훈련 1 틀린 부분 고치기

어법상 틀린 부분을 찾아 바르게 고치시오.

01
My room is cleaner my brother's.
내 방은 오빠의 방보다 더 깨끗하다.

__________ → __________

02
His bag is heavyer than yours.
그의 가방이 네 가방보다 더 무겁다.

__________ → __________

03
I play the piano well than my sister.
나는 누나보다 피아노를 더 잘 친다.

__________ → __________

04
The new smartphone is thiner than the old one.
그 새 스마트폰은 예전 스마트폰보다 더 얇다.

__________ → __________

05
This is smallest island in this country.
이곳은 이 나라에서 가장 작은 섬이다.

__________ → __________

06
This watch is the more expensive in the store.
이 손목시계가 가게에서 가장 비싸다.

__________ → __________

07
I made the better choice.
나는 가장 좋은 선택을 했다.

__________ → __________

집중 훈련 2 영작 완성하기

주어진 말을 활용하여 문장을 완성하시오.

08 그 빵집은 그 카페보다 더 바쁘다. (busy, the cafe)

→ The bakery is __________________.

09 그 책은 그 영화보다 더 재미있다.
(exciting, the movie)

→ The book __________________.

10 그들은 우리보다 더 빠르게 그 산을 올라갔다. (quickly)

→ They climbed the mountain __________
__________.

11 내 여동생은 나보다 더 적게 먹는다. (eat, little)

→ My sister __________________.

12 초콜릿이 그 다섯 가지 맛 중에서 가장 인기 있다.
(popular)

→ Chocolate __________________ of the
five flavors.

13 우리 동네가 이 도시에서 가장 안전하다.
(safe, this city)

→ My neighborhood __________________
__________.

14 그녀는 그 넷 중에서 가장 유명한 요리사이다.
(famous, chef)

→ __________________
of the four.

집중 훈련 **3** 통문장 영작하기
주어진 말을 활용하여 영작하시오.

집중 훈련 **4** 조건 영작하기
우리말과 의미가 같도록 〈조건〉에 맞게 영작하시오.

15 어제는 오늘보다 더 추웠다. (cold)

→ _______________________________

16 그 도서관은 은행보다 더 가깝다.
(the library, close, the bank)

→ _______________________________

17 나는 이 가수를 가장 많이 좋아한다.
(this singer, much)

→ _______________________________

18 오늘은 올해 중에 가장 따뜻한 날이다.
(warm, day, of the year)

→ _______________________________

19 그는 이 마을에서 가장 용감한 소방관이다.
(brave, figherfighter, this town)

→ _______________________________

20
A How do you feel today?
B 나는 어제보다 기분이 더 좋아.
    (feel, good, yesterday)

→ _______________________________

21
A Wow! This bridge is very long.
B Yes. 그것은 세계에서 가장 긴 다리야.
              (long, the world)

→ _______________________________

22 이 책가방은 저 책가방보다 더 튼튼하다.

조건 **1** 주어진 단어를 모두 사용할 것
        (backpack, one, strong)
2 필요시 형태를 바꾸어 쓸 것
3 7단어의 문장으로 쓸 것

→ _______________________________

23 나의 성적이 그의 성적보다 더 안 좋았다.

조건 **1** 주어진 단어를 활용할 것
        (bad, grades)
2 소유대명사를 사용할 것
3 6단어의 과거시제 문장으로 쓸 것

→ _______________________________

24 그 박물관은 파리에서 가장 아름다운 건물이다.

조건 **1** 괄호 안에 주어진 표현을 활용할 것
        (museum, beautiful, building, Paris)
2 9단어의 최상급 문장으로 쓸 것

→ _______________________________

25 Dave는 내 친구들 중에서 가장 재미있다.

조건 **1** 괄호 안의 단어를 활용할 것
        (funny, my friends)
2 in과 of 중 알맞은 것을 쓸 것
3 모두 7단어의 문장으로 쓸 것

→ _______________________________

CHAPTER 10

서술형 실전 **TEST**

서술형 **1**　　　(4점, 각 2점)

우리말과 의미가 같도록 주어진 말을 활용하여 문장을 완성하시오.

(1) 드라이아이스는 눈보다 더 차갑다. (cold)

→ Dry ice is ＿＿＿＿＿＿＿＿＿＿ snow.

(2) 그것은 가장 어려운 질문이었다. (difficult)

→ It was ＿＿＿＿＿＿＿＿＿＿ question.

서술형 **2**　　　(6점, 각 3점)

우리말과 의미가 같도록 〈조건〉에 맞게 영작하시오.

> (1) 물은 기름보다 무겁다.

> 조건　1　주어진 말을 활용하시오.
> 　　　　 (oil, heavy, water)
> 　　　2　5단어의 문장으로 서술하시오.

→ ＿＿＿＿＿＿＿＿＿＿＿＿＿＿＿＿

> (2) 그는 그의 반에서 가장 똑똑한 소년이다.

> 조건　1　주어진 말을 활용하시오.
> 　　　　 (smart, boy, his class)
> 　　　2　8단어의 문장으로 서술하시오.

→ ＿＿＿＿＿＿＿＿＿＿＿＿＿＿＿＿

서술형 **3**　　　(3점)

우리말과 의미가 같도록 주어진 말을 바르게 배열하여 완전한 문장으로 쓰시오.

> 이 스마트폰은 그 노트북보다 더 비싸다.
> (expensive, this smartphone, the laptop, is,
> more, than)

→ ＿＿＿＿＿＿＿＿＿＿＿＿＿＿＿＿

서술형 **4** **NEW**　　　(4점, 각 2점)

그림을 보고, 괄호 안에서 알맞은 말을 골라 비교급 문장을 완성하시오.

(1) TB1 is ＿＿＿＿＿＿＿＿＿＿ TB2.
　　　　　　(small / big)

(2) TB2 is ＿＿＿＿＿＿＿＿＿＿ TB1.
　　　　　(cheap / expensive)

서술형 **5**　　　(4점)

다음 글에서 어법상 틀린 부분을 찾아 바르게 고쳐 쓰시오.

> My grandfather is the oldest person in
> my family. He gets up early every day. But
> sometimes my father gets up early than him.

＿＿＿＿＿＿＿＿＿　→　＿＿＿＿＿＿＿＿＿

서술형 **6**　　　(9점, 각 3점)

다음 표를 보고, 〈보기〉에서 알맞은 말을 골라 문장을 완성하시오.

이름	키(cm)	몸무게(kg)
Amy	155	45
Chris	160	58
Harry	165	55

보기	heavy	short	tall

(1) Harry is ＿＿＿＿＿ ＿＿＿＿＿ Chris.

(2) Amy is ＿＿＿＿＿ ＿＿＿＿＿ of the three.

(3) Chris is ＿＿＿＿＿ ＿＿＿＿＿ of the three.

전치사와 접속사

1 시간을 나타내는 전치사

2 장소·위치를 나타내는 전치사

3 등위접속사, 접속사 that

4 부사절을 이끄는 접속사

전치사 at, on, in은 '~에'라고 해석하며, before와 after는 각각 '~ 전에'와 '~ 후에'라는 의미이다.

at	특정 시각, 시점	**at** 8:30 　**at** noon 　**at** night 　**at** lunchtime
on	날짜, 요일, 특정한 날	**on** May 5 　**on** Sunday 　**on** my birthday 　**on** Halloween
in	연도, 계절, 월 아침/오후/저녁	**in** 2020 　**in** summer 　**in** October **in** the morning/afternoon/evening
before	~ 전에	**before** 7 o'clock 　**before** sunrise
after	~ 후에	**after** 10:30 　**after** school

She gets up **at** 7 o'clock **in** the morning. (아침 7시에)
We sing carols **on** Christmas Day. (크리스마스 날에)
Eric went to the bathroom **before** class. (수업 전에)

cf. **on** Sunday**s** (일요일마다) 　　**on** weekend**s** (주말마다)

> 주의 　시간을 나타내는 명사 앞에 every, this, next, last 등이 올 경우 전치사는 쓰지 않는다.
> He goes hiking **every** Saturday. (○)
> He goes hiking <u>on</u> every Saturday. (×)

1 시간을 나타내는 전치사 형태 익히기

1 3시에 → __________ 3 o'clock

2 2024년에 → __________ 2024

3 6월에 → __________ June

4 어버이날에 → __________ Parents' Day

5 월요일에 → __________ Monday

6 겨울에 → __________ winter

7 수업 후에 → __________ class

8 아침 식사 전에 → __________ breakfast

2 시간을 나타내는 전치사 형태 적용하기

1 수학 수업은 9시 30분에 시작한다. → The math class starts __________ 9:30.

2 그들은 2023년에 한국에 왔다. → They came to Korea __________ 2023.

3 우리는 주말마다 낚시하러 간다. → We go fishing __________ weekends.

4 나는 저녁 식사 전에 집에 도착했다. → I arrived home __________ dinner.

5 그 꽃집은 졸업식 날에 바쁠 것이다. → The flower shop will be busy __________ graduation day.

전치사 at, on, in은 '~에(서)'라고 해석한다.

at	좁은 장소, 지점 모임, 행사	**at** home **at** a party	**at** the door **at** a concert	**at** the station **at** a meeting	
on	표면에 접촉한 상태	**on** the floor	**on** the street	**on** the wall	
in	넓은 장소, 공간 내부	**in** Korea	**in** the sky	**in** the building	**in** the room
기타	**in front of** (~ 앞에) **next to** (~ 옆에)		**behind** (~ 뒤에) **between** A **and** B (A와 B 사이에)	**under** (~ 아래에, ~밑에)	

Jenny met her cousin **at** the bus stop.
I wrote my name **on** the paper.
Tim put his hat **in** the closet.
It is **between** the bank **and** the post office.

1 장소·위치를 나타내는 전치사 형태 익히기

1 벽에 → ___________ the wall

2 상자 안에 → ___________ the box

3 책상 옆에 → ___________ the desk

4 문 뒤에 → ___________ the door

5 탁자 아래에 → ___________ the table

6 서울에서 → ___________ Seoul

7 파티에서 → ___________ the party

8 사람들 앞에 → ___________ people

9 3층에 → ___________ the third floor

10 너와 나 사이에 → ___________ you ___________ me

2 장소·위치를 나타내는 전치사 형태 적용하기

보기	next to	in front of	on	under	behind

1 그녀는 그 소파 앞에 가방을 놓았다. → She put her bag _______________ the sofa.

2 나는 이 건물 옆에 내 차를 주차했다. → I parked my car _______________ this building.

3 그는 커튼 뒤에 숨었다. → He hid _______________ the curtain.

4 그녀는 빙판길에 넘어졌다. → She fell _______________ the icy road.

5 우리는 나무 밑에서 쉴 것이다. → We will rest _______________ the tree.

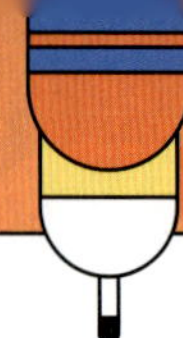

STEP 1 전치사 사용하여 문장 확장하기

1
- **a** 나는 시험이 있다.

  I have a test.

- **b** 나는 **월요일에** 시험이 있다.

  I have a test __________ Monday.

2
- **a** 그 빵집은 문을 닫을 것이다.

  The bakery will close.

- **b** 그 빵집은 **저녁 10시에** 문을 닫을 것이다.

  The bakery will close __________ 10 p.m.

3
- **a** 우리는 캠핑을 갔다.

  We went camping.

- **b** 우리는 **가을에** 캠핑을 갔다.

  We went camping __________ fall.

4
- **a** 그들은 파티를 했다.

  They had a party.

- **b** 그들은 **새해 전날에** 파티를 했다.

  They had a party __________ New Year's Eve.

5
- **a** 나는 내 반지를 찾았다.

  I found my ring.

- **b** 나는 **양탄자 밑에서** 내 반지를 찾았다.

  I found my ring __________ the rug.

6
- **a** 그녀는 산책하러 갈 것이다.

  She will go for a walk.

- **b** 그녀는 **점심 식사 후에** 산책하러 갈 것이다.

  She will go for a walk __________ lunch.

7
- **a** 그들은 새치기를 했다.

  They cut in line.

- **b** 그들은 **내 앞에서** 새치기를 했다.

  They cut in line __________ __________ __________ me.

8
- **a** 그들은 공원을 지었다.

  They built a park.

- **b** 그들은 **내 집과 학교 사이에** 공원을 지었다.

  They built a park __________ my house __________ my school.

STEP **2** 영작 완성하기

1 Jack은 다리 밑에서 고양이 한 마리를 발견했다. (the bridge)

→ Jack found a cat ___________ ___________ ___________.

2 그는 밤에 간식을 먹지 않는다. (night)

→ He doesn't eat snacks ___________ ___________.

3 나는 오후에 수영하러 간다. (the afternoon)

→ I go swimming ___________ ___________ ___________.

4 그녀는 주말마다 영화를 본다. (weekends)

→ She watches movies ___________ ___________.

5 교실에서 내 책상은 창문 옆에 있다. (the window)

→ In the classroom, my desk is ___________ ___________ ___________ ___________.

STEP **3** 배열 영작하기

1 개 한 마리가 잔디밭 위에서 구르고 있다. on, rolling, the grass, is

→ A dog ____.

2 그는 버스정류장에서 나를 기다렸다. me, the bus stop, waited for, at

→ He ____.

3 그 음식 배달은 정오에 도착할 예정이다. arrive, at, is, noon, going to

→ The food delivery ___________________________________.

4 내 고양이는 소파와 벽 사이에서 잔다. the sofa, sleeps, the wall, and, between

→ My cat ____.

5 그 가게는 저녁 8시에 문을 닫는다. closes, at, the evening, in, the store, 8 o'clock

→ ____.

3 등위접속사, 접속사 that

A 접속사 and, but, or는 문법적으로 대등한 단어와 단어, 구와 구, 절과 절을 연결하고, so는 절과 절만 연결한다.

and	그리고	I bought three notebooks **and** a pen.	<대등한 내용을 연결>
but	그러나	He is poor, **but** he looks happy.	<대조되는 내용을 연결>
or	또는	Clean the table **or** wash the dishes.	<둘 이상의 선택 사항을 연결>
so	그래서	I didn't sleep well, **so** I'm sleepy.	<원인과 결과를 연결>

> **TIP** 절과 절을 연결할 때는 보통 접속사 앞에 콤마(,)를 쓴다.
> → 주어와 동사가 포함된 의미 단위를 말한다.

B 접속사 that이 이끄는 명사절은 「that+주어+동사 ~」의 형태로 쓰여, 문장 안에서 명사 역할을 한다.

| that | ~라는 것 | We believe (**that**) you are honest.
I know (**that**) I made a mistake. |

> **TIP** that절이 목적어로 쓰일 때 접속사 that을 생략할 수 있다.

1 등위접속사 형태 익히기

1 예쁘고 똑똑한 → pretty __________ smart

2 어리지만 용감한 → young __________ brave

3 걷거나 달리다 → walk __________ run

4 화창하고 따뜻한 → sunny __________ warm

5 진실이거나 거짓인 → true __________ false

6 작지만 무거운 → small __________ heavy

2 등위접속사와 접속사 that 형태 적용하기

1 나는 아팠지만 학교에 갔다.

→ I was sick, __________ I went to school.

2 그들은 자신들의 팀이 결승전에서 이길 것이라고 믿는다.

→ They believe __________ their team will win the finals.

3 날씨가 좋아서 우리는 소풍을 갔다.

→ The weather was fine, __________ we went on a picnic.

4 나는 David가 아주 친절하다고 생각했다.

→ I thought __________ David was very kind.

4 부사절을 이끄는 접속사

시간, 이유, 조건 등을 나타내는 접속사는 문장 안에서 부사 역할을 하는 부사절을 이끈다.

시간	when	~할 때	**When** I was young, I was shy.
	before	~하기 전에	Please call me **before** you visit.
	after	~한 후에	Let's go hiking **after** you finish your homework.
이유	because	~하기 때문에	He didn't go hiking **because** it was raining.
조건	if	만약 ~하면	**If** you are free tomorrow, I want to meet you.

부사절이 문장의 앞에 올 때는 부사절 끝에 콤마(,)를 쓴다.

cf. 시간이나 조건을 나타내는 부사절에서는 현재시제를 써서 미래의 일을 나타낸다.

If it **rains** tomorrow, I'll stay at home. (○)
If it will rain tomorrow, I'll stay at home. (×)

1 부사절 접속사 형태 익히기

1 내가 전화했을 때 → ___________ I called

2 눈이 내린 후에 → ___________ it snowed

3 그들이 바쁘기 때문에 → ___________ they are busy

4 만약 우리가 기차를 놓치면 → ___________ we miss the train

5 해가 뜨기 전에 → ___________ the sun rises

2 부사절 접속사 형태 적용하기

1 만약 네가 올 수 있다면 나는 행복할 것이다.

→ ___________ you can come, I will be happy.

2 네가 오기 전에 우리는 점심을 먹었다.

→ We had lunch ___________ you came.

3 파티가 끝난 후에 그들은 집을 청소했다.

→ They cleaned the house ___________ the party was over.

4 나는 늦게 일어났기 때문에 서둘러야 한다.

→ I should hurry ___________ I woke up late.

5 그녀가 집에 왔을 때, 저녁 식사가 준비되어 있었다.

→ ___________ she came home, dinner was ready.

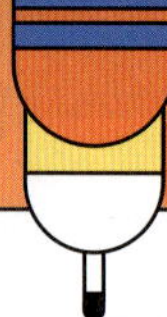

영작 기본 훈련

STEP 1 접속사 사용하여 문장 **연결하기**

1
ⓐ Cindy는 아팠다. 그녀는 집에 머물렀다.
Cindy was sick. She stayed at home.

ⓑ **Cindy는 아팠기 때문에** 집에 머물렀다.
______________________________, she stayed at home.

2
ⓐ 그녀는 똑똑하다. 그녀는 게으르다.
She is smart. She is lazy.

ⓑ 그녀는 **똑똑하지만 게으르다**.
She is ______________________________.

3
ⓐ 나는 이해한다. 그는 바쁘다.
I understand. He's busy.

ⓑ 나는 **그가 바쁘다는 것을** 이해한다.
I understand ______________________________.

4
ⓐ 나는 그 소식을 들었다. 나는 놀랐다.
I heard the news. I was surprised.

ⓑ **나는 그 소식을 들었을 때**, 놀랐다.
______________________________, I was surprised.

5
ⓐ 그는 샤워를 했다. 그는 곧바로 잠이 들었다.
He took a shower. He fell asleep right away.

ⓑ **그는 샤워를 한 후에** 곧바로 잠이 들었다.
______________________________, he fell asleep right away.

6
ⓐ 우리는 산책을 할 것이다. 우리는 책을 읽을 것이다.
We will take a walk. We will read books.

ⓑ 우리는 산책을 하거나, **또는 책을 읽을 것이다**.
We will take a walk ______________________________.

7
ⓐ 그들은 일찍 출발한다. 그들은 버스를 탈 수 있다.
They leave early. They can take a bus.

ⓑ **만약 그들이 일찍 출발한다면**, 버스를 탈 수 있다.
______________________________, they can take a bus.

8
ⓐ 날이 더웠다. 우리는 해변으로 갔다.
It was hot. We went to the beach.

ⓑ 날이 더워서 **우리는 해변으로 갔다**.
It was hot, ______________________________.

STEP **2** 영작 완성하기

1 나는 피아노 연주자나 음악 선생님이 되고 싶다. (a pianist)

→ I want to be ___________ ___________ ___________ a music teacher.

2 이 피자는 맛있지만 너무 짜다. (too salty)

→ This pizza is delicious ___________ ___________ ___________.

3 나는 운동할 때 음악을 듣는다. (exercise)

→ ___________ ___________ ___________, I listen to music.

4 영화가 매우 슬퍼서 나는 많이 울었다. (cry a lot)

→ The movie was very sad, ___________ ___________ ___________ ___________ ___________.

5 우리는 게임을 시작하기 전에 규칙을 정했다. (start the game)

→ We made the rule ___________ ___________ ___________ ___________ ___________.

STEP **3** 배열 영작하기

1 그는 내가 공부할 시간이 없다는 것을 안다. I, time, have, don't, to study, that

→ He knows ____.

2 내 친구들과 나는 방과 후에 쇼핑하러 갔다. and, after, shopping, went, I, school

→ My friends ____.

3 내가 숙제를 마치고 나서 너에게 전화할게. my homework, I, you, after, call, finish

→ I will ____.

4 네가 왼쪽으로 돌면 그 빵집을 찾을 수 있다. you, you, the bakery, if, turn left, find, can

→ ____.

5 날이 아주 추웠기 때문에 나는 외투를 입었다. I, very cold, it, because, my coat, was, put on

→ ____.

집중 훈련 1 틀린 부분 고치기
어법이나 의미가 <u>틀린</u> 부분을 찾아 바르게 고치시오.

집중 훈련 2 영작 완성하기
주어진 말을 활용하여 문장을 완성하시오.

01
We enjoy swimming at summer.
우리는 여름에 수영하는 것을 즐긴다.

_____________ → _____________

02
Are you free in Saturday?
너는 토요일에 한가하니?

_____________ → _____________

03
I was born on 2012.
나는 2012년에 태어났다.

_____________ → _____________

04
She is standing in front the mirror.
그녀는 거울 앞에 서 있다.

_____________ → _____________

05
Which do you want, coffee and tea?
너는 커피 혹은 차 중 어떤 것을 원하니?

_____________ → _____________

06
Before John took the exam, he played soccer.
John은 시험을 치고 나서 축구를 했다.

_____________ → _____________

07
We open presents in December 25.
우리는 12월 25일에 선물을 개봉한다.

_____________ → _____________

08 주차장은 쇼핑몰 옆에 있다. (the shopping mall)

→ The parking lot is _____________ _____________.

09 나는 저녁에 계획이 있다. (plans, the evening)

→ I have _____________.

10 배우들이 커튼 뒤에 서 있다. (standing, the curtain)

→ The actors _____________.

11 그 뮤지컬은 3시에 시작했다. (start, o'clock)

→ The musical _____________.

12 만약 네가 도움이 필요하면 나에게 전화해. (need help)

→ Call me _____________.

13 결석을 해서 그녀는 숙제에 대해 몰랐다.
(know about, the homework)

→ She was absent, _____________ _____________.

14 너는 방을 나오기 전에 불을 꺼야 한다.
(leave, the room)

→ _____________, you should turn off the lights.

집중 훈련 3 통문장 영작하기
주어진 말을 활용하여 영작하시오.

15 이것은 너와 나 사이의 비밀이다.
(a secret, you and me)

→ _______________________________

16 벽에는 달력이 있다. (there, a calendar, the wall)

→ _______________________________

17 너는 밤에 밝은 별들을 볼 수 있다. (see, bright, night)

→ _______________________________

18 미국인들은 추수 감사절에 칠면조를 먹는다.
(Americans, turkey, Thanksgiving)

→ _______________________________

19 그녀는 버스를 놓쳤기 때문에 학교에 늦었다.
(miss the bus, late for school)

→ _______________________________

20
A	나는 어제 버스 정류장에서 Jane을 만났어.
	(the bus stop, yesterday)
B	Oh, really?

→ _______________________________

21
A	너는 Joe가 1등을 했다는 것을 알았니?
	(know, win first prize)
B	No, I didn't.

→ _______________________________

집중 훈련 4 조건 영작하기
우리말과 의미가 같도록 〈조건〉에 맞게 영작하시오.

22 그녀는 월요일마다 미술 수업이 있다.

> 조건 **1** 주어진 단어를 사용할 것
> (have, an art class, Mondays)
> **2** 필요시 형태를 바꾸어 쓸 것
> **3** 전치사를 추가할 것

→ _______________________________

23 나는 중국에 있을 때 만리장성을 방문했다.

> 조건 **1** 괄호 안에 주어진 표현을 활용할 것
> (China, visit, the Great Wall)
> **2** 접속사로 문장을 시작할 것
> **3** 10단어의 문장으로 쓸 것

→ _______________________________

24 나는 내 전화기가 책상 밑에 있는 것을 몰랐다.

> 조건 **1** 괄호 안의 단어를 사용할 것
> (know, my phone, the desk)
> **2** 알맞은 전치사와 접속사를 사용할 것
> **3** 축약형을 사용하여 10단어로 쓸 것

→ _______________________________

25 나는 콘서트에서 이 티셔츠를 샀다.

> 조건 **1** 주어진 말을 활용할 것
> (buy, this T-shirt, the concert)
> **2** 전치사를 반드시 사용할 것
> **3** 7단어의 과거시제 문장으로 쓸 것

→ _______________________________

서술형 1 (2점)

다음 문장에서 어법상 <u>틀린</u> 부분을 찾아 바르게 고쳐 쓰시오.

I took a lot of photos in my birthday.

______________ → ______________

서술형 2 (6점, 각 2점)

〈보기〉의 표현을 사용하여 다음 그림을 설명하는 문장을 완성하시오.

보기	between	in front of	next to

(1) The post office is ______________ the bank.

(2) The bus stop is ______________ the bank.

(3) The bank is ______________ the post office and the hospital.

서술형 3 NEW (5점)

다음 대화를 읽고, 알맞은 접속사를 사용하여 아래 요약문을 완성하시오. (5단어로 쓸 것)

A What's wrong, Susan? You look sick.
B I have a headache. I can't pay attention to the lesson.
A Go home and get some rest.

→ Susan can't pay attention to the lesson

______________.

서술형 4 (4점)

우리말과 의미가 같도록 〈조건〉에 맞게 영작하시오.

우리는 지구가 둥글다는 것을 알고 있다.

조건 1 접속사를 사용하시오.
2 주어진 단어를 사용하시오.
(know, the Earth, round)
3 7단어의 문장으로 서술하시오.

→ ______________

서술형 5 (4점)

주어진 말을 <u>모두</u> 사용하여 다음 그림을 설명하는 문장을 영작하시오.

· gets up
· seven o'clock
· the morning

→ She ______________.

서술형 6 NEW (9점, 각 3점)

(A)와 (B)에 주어진 말을 한 번씩 사용하여 문장을 완성하시오.

(A)	(B)
but	· I can't see well
so	· I didn't go to the movies
because	· I got some flowers

(1) I was happy ______________.

(2) I'm not wearing my glasses, ______________ ______________.

(3) I bought a movie ticket, ______________ ______________.

문장의 종류

'누가, 무엇을, 언제, 어디서, 왜, 어떻게' 등의 구체적인 정보를 얻기 위해 문장 맨 앞에 의문사를 사용하여 의문문을 만든다.
의문사는 문장 맨 앞에 위치하며, 의문사가 있는 의문문에서는 yes/no로 답하지 않는다.

의문사		의문문	대답
who	누구	**Who** is he? **Who**(**Whom**) did you meet?	He is my uncle. I met my friend.
what	무엇	**What** is her name? **What** do you want for Christmas?	Her name is Sue. I want a backpack.
when	언제	**When** is your birthday? **When** does he go to school?	It is June 1. At 7:30.
where	어디	**Where** is the umbrella? **Where** did you stay?	It is on the sofa. I stayed at a guesthouse.
why	왜 (이유)	**Why** are you late? **Why** does she exercise?	I missed the bus. For her health.
how	어떤 (상태) 어떻게 (방법)	**How** was the musical? **How** do you get to school?	It was very interesting. I walk to school.

1 의문사 형태 익히기

1 저기 있는 소녀는 누구니?　　→ ___________ is the girl over there?

2 우리 어디에서 만날까?　　→ ___________ should we meet?

3 그 여행은 어땠니?　　→ ___________ was the trip?

4 그녀는 왜 울고 있니?　　→ ___________ is she crying?

5 그는 언제 떠날 예정이니?　　→ ___________ is he going to leave?

2 의문사 형태 적용하기

1 Q ___________ did you get to Busan?　　A I took the train.

2 Q ___________ does he work?　　A He works at a bank.

3 Q ___________ will you have for lunch?　　A I will have a sandwich.

4 Q ___________ were you absent last week?　　A Because I had a cold.

의문사를 사용하여 의문문을 만들 때는 형태에 유의한다.

be동사	의문사+be동사+주어 ~?	**Who** *is* the girl next to Tom? **Where** *were* you yesterday?
일반동사	의문사+do/does/did+주어+동사원형 ~?	**What** *did* he *say*? **When** *does* the concert *start*?
조동사	의문사+조동사+주어+동사원형 ~?	**When** *will* you *go* to Jeju Island? **Who** *should* I *ask*?

TIP 의문사가 주어인 경우 「의문사+동사 ~?」 형태로 쓰며, 의문사는 3인칭 단수로 취급한다.

Who *works* here?
What *makes* you happy?

---

1 의문사가 있는 의문문 형태 익히기

1 Q ____________ ____________ the library?   A It is <u>behind the bank</u>.

2 Q ____________ ____________ the key?   A <u>Jane has</u> it.

3 Q ____________ ____________ you wear today?   A I <u>wore my raincoat</u> today.

4 Q ____________ ____________ you finish the project?   A I will finish it <u>tomorrow</u>.

5 Q ____________ ____________ you learn to bake cookies?   A I learned <u>by watching videos</u>.

---

2 의문사가 있는 의문문 형태 적용하기

1 Chris는 어제 누구를 만났니? (meet)

→ ____________ ____________ Chris ____________ yesterday?

2 그녀는 왜 스페인어를 공부하니? (study)

→ ____________ ____________ she ____________ Spanish?

3 너는 쇼핑몰에서 무엇을 살 거니? (buy)

→ ____________ ____________ you ____________ at the shopping mall?

4 내가 지하철역으로 어떻게 갈 수 있니? (get)

→ ____________ ____________ I ____________ to the subway station?

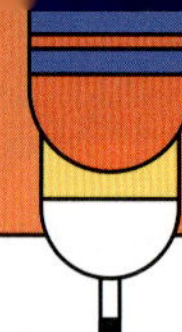

STEP 1 의문사가 있는 의문문 대화 만들기

1

Q 그는 **무엇을 쓰고 있니**?

__________ __________ he __________?

A 그는 **편지를** 쓰고 있어.

He is writing __________ __________.

2

Q **누가** 이 케이크를 만들었니?

__________ __________ this cake?

A **나의 언니가** 그것을 만들었어.

__________ __________ made it.

3

Q 그 영화는 **어땠어**?

__________ __________ the movie?

A 그것은 **슬펐어**.

It was __________.

4

Q 병원은 **어디 있나요**?

__________ __________ the hospital?

A 그곳은 **공원 옆에** 있어요.

It is __________ __________ __________ __________.

5

Q 네 휴가는 **언제 시작하니**?

__________ __________ your holiday __________?

A **이번 주 금요일에** 시작해.

It starts __________ __________.

6

Q 너는 **누구를** 가장 **존경하니**?

__________ __________ you __________ the most?

A 나는 **나의 선생님을** 가장 존경해.

I respect __________ __________ the most.

7

Q 너는 **언제** 집에 **갈 거니**?

__________ __________ you __________ home?

A 나는 **3시에** 집에 갈 거야.

I'll go home __________ __________ o'clock.

8

Q 너는 그것을 **어디에서 샀니**?

__________ __________ you __________ it?

A 나는 그것을 **시장에서** 샀어.

I bought it __________ __________ __________.

STEP **2** 배열 영작하기

1 그는 미술 시간에 무엇을 만들었니? he, in art class, what, make, did

→ ____

2 너는 왜 마음을 바꿨니? change, why, you, your mind, did

→ ____

3 제가 결과를 언제 알 수 있나요? can, the results, find out, when, I

→ ____

4 제 외투를 어디에 놓아야 하나요? should, my coat, where, I, put

→ ____

5 누가 이 그림을 그렸니? drew, who, picture, this

→ ____

STEP **3** 부분 영작하기

1 제가 언제 그 책들을 반납해야 하나요? (should, return)

→ _________________________________ the books?

2 우리가 우리의 이웃들을 위해서 무엇을 할 수 있을까? (can, do)

→ _________________________________ for our neighbors?

3 어젯밤에 너는 어디에 갔었니? (go)

→ _________________________________ last night?

4 너는 왜 버스를 기다리고 있니? (wait)

→ _________________________________ for the bus?

5 그녀는 주말에 무엇을 하는 것을 좋아하니? (like, to do)

→ _________________________________ on weekends?

what, which, whose 등의 의문사는 명사와 함께 쓸 수 있다.

의문사 + 명사		의문문	대답
what + 명사	무슨/어떤/몇 ~	**What color** is the balloon? **What kind** of movies do you like? **What time** is it now?	It's green. I like action movies. It's 6:30 p.m.
which + 명사	어느/어떤 ~	**Which season** do you like best? **Which subject** do you prefer, art or history?	I like summer best. I prefer history.
whose + 명사	누구의 ~	**Whose camera** is this? **Whose idea** was it?	It's Brian's. It was Emily's idea.

TIP what은 정해진 범위 없이 질문할 때 쓰고, which는 정해진 범위 안에서 선택을 물을 때 쓴다.
What fruit do you like best?
Which fruit do you prefer, bananas or strawberries?

---

1 「what / which / whose + 명사」 형태 익히기

1 Q ______ flower do you prefer, roses or tulips?   A I prefer tulips.

2 Q ______ date is it today?   A It's July 4.

3 Q ______ painting is that on the wall?   A It's my brother's.

4 Q ______ color is your bike?   A It's brown.

---

2 「what / which / whose + 명사」 형태 적용하기

1 오늘은 무슨 요일이니? (day)

→ ______________ ____________ is it today?

2 누구 차례니? (turn)

→ ______________ ____________ is it?

3 전화하기 위해 누구의 전화기를 빌렸니? (phone)

→ ______________ ____________ did you borrow to make a call?

4 딸기 맛이나 초콜릿 맛 중 어떤 맛을 골랐니? (flavor)

→ ______________ ____________ did you choose, strawberry or chocolate?

「how + 형용사 / 부사」 의문문

나이, 키, 길이, 수량, 가격, 거리, 빈도 등을 물을 때 의문사 how 뒤에 형용사나 부사를 사용한다.

나이	**How old** is your sister?	– She is 8 years old.
키, 높이	**How tall** is he?	– He is 150cm tall.
길이, 기간	**How long** will you stay here?	– For two days.
개수	**How many** eggs do you need?	– Five eggs.
가격, 양	**How much** is this bag?	– It is 5,000 won.
거리	**How far** is your school from here?	– It is about 100 meters from here.
빈도	**How often** do they eat out?	– Once a week.

cf. 명사의 수나 양을 물을 때, 셀 수 있는 명사의 복수형 앞에는 How many를 쓰고, 셀 수 없는 명사 앞에 How much를 쓴다.
How many *books* do you have?
How much *money* did you spend?

1 「how + 형용사/부사」 형태 익히기

1 Kevin은 몇 살이니? → How ___________ is Kevin?

2 네 남동생은 키가 몇이니? → How ___________ is your brother?

3 너는 얼마나 자주 운동하니? → How ___________ do you exercise?

4 너는 어젯밤에 얼마나 오래 잤니? → How ___________ did you sleep last night?

2 「how + 형용사/부사」 형태 적용하기

1 그 운동화는 얼마니?

→ ___________ ___________ are the sneakers?

2 우체국은 여기서 얼마나 머니?

→ ___________ ___________ is the post office from here?

3 그 빌딩은 얼마나 높니?

→ ___________ ___________ is the building?

4 그녀는 몇 개의 언어를 말할 수 있니?

→ ___________ ___________ languages can she speak?

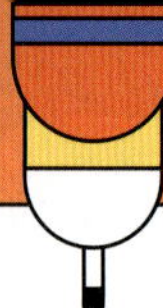

영작 기본 훈련

STEP 1 의문문 의미 비교하기

e.g.

a 너는 스포츠를 좋아하니?　　Do you like sports?

b 너는 **무슨 스포츠를** 좋아하니?　　<u>　What　</u> <u>　sports　</u> do you like?

1

a 러시아는 큰 나라니?　　Is Russia a large country?

b 러시아와 캐나다 중 **어느 나라가** 더 크니?　　__________ __________ is larger, Russia or Canada?

2

a 저것은 당신의 차인가요?　　Is that your car?

b 저것은 **누구의 차**인가요?　　__________ __________ is that?

3

a 그 탑은 높은가요?　　Is the tower tall?

b 그 탑은 **얼마나 높은가요?**　　__________ __________ is the tower?

4

a 그는 고양이를 키우니?　　Does he have a cat?

b 그는 **몇 마리의** 고양이를 키우니?　　__________ __________ cats does he have?

5

a 그 쇼핑몰은 여기서 먼가요?　　Is the shopping mall far from here?

b 그 쇼핑몰은 여기서 **얼마나 먼가요?**　　__________ __________ is the shopping mall from here?

6

a 우리가 오래 기다려야 하나요?　　Do we have to wait long?

b 우리가 **얼마나 오래** 기다려야 하나요?　　__________ __________ do we have to wait?

7

a 그들은 컴퓨터 게임을 하니?　　Do they play computer games?

b 그들은 **얼마나 자주** 컴퓨터 게임을 하니?　　__________ __________ do they play computer games?

STEP 2 영작 완성하기

1 누구의 개가 지금 밖에서 짖고 있니? (bark)

→ ___________ ___________ ___________ ___________ outside now?

2 가장 가까운 버스 정류장은 얼마나 머니? (be)

→ ___________ ___________ ___________ the nearest bus stop?

3 너는 어제 얼마나 오래 달렸니? (run)

→ ___________ ___________ ___________ ___________ ___________ yesterday?

4 너는 얼마나 자주 손을 씻니? (wash)

→ ___________ ___________ ___________ ___________ ___________ your hands?

5 너희 반에는 몇 명의 학생이 있니? (be)

→ ___________ ___________ ___________ ___________ in your class?

STEP 3 배열 영작하기

1 너는 런던과 파리 중 어느 도시를 방문하고 싶니? city, you, visit, do, which, to, want

→ ____, London or Paris?

2 너는 어떤 장르의 음악을 듣니? genres of, do, you, what, listen to, music

→ ____

3 그는 얼마나 많은 돈이 필요하니? how, money, need, does, he, much

→ ____

4 영화관까지 가는 데 얼마나 오래 걸리니? to the movie theater, how, take, it, to get, long, does

→ ____

5 그 호텔은 기차역에서 얼마나 머니? the train station, from, how, is, far, the hotel

→ ____

A 명령문은 상대방에게 명령 또는 요구할 때 쓰며, 주어 You를 생략하고 동사원형으로 문장을 시작한다.

| 긍정 (~해라) | 동사원형 ~. | **Wear** a seat belt. |
| 부정 (~하지 마라) | Don't(Do not)+동사원형 ~. | **Don't be** late for school. |

cf. 명령문의 앞이나 뒤에 please를 붙여 더 정중하게 표현할 수 있다.
Please be quiet in class.　　Don't take photos here, **please**.

B 청유문은 상대방에게 권유나 제안을 할 때 쓰며, Let's로 문장을 시작한다.

| 긍정 (~하자) | Let's+동사원형 ~. | **Let's go** shopping. |
| 부정 (~하지 말자) | Let's not+동사원형 ~. | **Let's not go** camping this weekend. |

1 명령문, 청유문 형태 익히기

1 | open | 문을 열어라. | → ________ the door. |
| | | 문을 열지 마라. | → ________ ________ the door. |

2 | take | 택시 타자. | → ________ ________ a taxi. |
| | | 택시를 타지 말자. | → ________ ________ ________ a taxi. |

3 | call | 나에게 전화해 주세요. | → ________ me, please. |
| | | 나에게 전화하지 마세요. | → ________ ________ me, please. |

4 | leave | 일찍 떠나자. | → ________ ________ early. |
| | | 일찍 떠나지 말자. | → ________ ________ ________ early. |

2 명령문, 청유문 형태 적용하기

| 보기 | watch | enter | try | skip |

1 새로운 조리법을 시도해 보자. → ________ ________ a new recipe.

2 아침 식사를 거르지 마라. → ________ ________ breakfast.

3 이 영화의 나머지는 보지 말자. → ________ ________ ________ the rest of this movie.

4 이 방에 들어가지 마라. → ________ ________ this room.

 6 감탄문

감탄문은 '정말 ~이구나/하구나!'라는 의미로 기쁨, 슬픔, 놀라움 등의 감정을 나타낼 때 쓴다. What 또는 How로 시작하며, 감탄문에서 주어와 동사는 종종 생략한다.

What 감탄문 (명사 강조)	What(＋a/an)＋형용사＋명사(＋주어＋동사)!	**What** a cute baby (he is)! **What** an amazing movie (it was)!
How 감탄문 (형용사/부사 강조)	How＋형용사/부사(＋주어＋동사)!	**How** cute (the baby is)! **How** amazing (the movie is)! **How** well my sister sings!

> 부사를 강조할 때는 주어와 동사를 생략할 수 없다.

주의 What으로 시작하는 감탄문에서 복수명사가 올 때에는 a/an을 쓰지 않는다.
What nice **jeans** (they are)!
What beautiful **eyes** (she has)!

1 감탄문 형태 익히기

1 그것은 정말 키가 큰 나무구나! → ________ a tall tree it is!

그 나무는 정말 키가 크구나! → ________ tall the tree is!

2 그 강아지들은 참 귀엽구나! → ________ cute the puppies are!

그것들은 참 귀여운 강아지구나! → ________ cute puppies they are!

3 그 방은 정말 크구나! → ________ huge the room is!

정말 큰 방이구나! → ________ a huge room!

4 정말 어려운 질문이구나! → ________ a difficult question!

그 질문은 정말 어렵구나! → ________ difficult the question is!

2 감탄문 형태 적용하기

보기	day	story	cake	performance

1 정말 무서운 이야기구나! → __________ scary the __________ is!

2 정말 완벽한 하루구나! → __________ a perfect __________!

3 이 케이크는 참 맛있구나! → __________ delicious this __________ tastes!

4 그것은 정말 환상적인 공연이었어! → __________ a fantastic __________ it was!

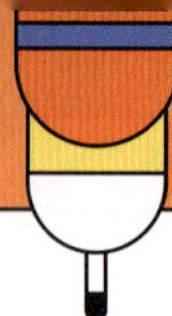

영작 기본 훈련

STEP 1 명령문, 청유문, 감탄문 의미 비교하기

1
ⓐ 너는 학교 규칙을 따라야 한다.
You must follow the school rules.

ⓑ 학교 규칙을 **따라라**.
__________ the school rules.

2
ⓐ 너는 여기서 사진을 찍으면 안 된다.
You must not take pictures here.

ⓑ 여기서 사진을 **찍지 마라**.
__________ __________ pictures here.

3
ⓐ 바닷가에 가는 게 어때?
How about going to the beach?

ⓑ 바닷가에 **가자**.
__________ __________ to the beach.

4
ⓐ 나는 오늘 수영하러 가고 싶지 않다.
I don't feel like going swimming today.

ⓑ 오늘 수영하러 **가지 말자**.
__________ __________ __________ swimming today.

5
ⓐ 이 스웨터는 아주 부드럽다.
This sweater feels so soft.

ⓑ 이 스웨터는 **정말 부드럽구나**!
__________ __________ this sweater feels!

6
ⓐ 그곳은 매우 평화로운 호수이다.
It is a very peaceful lake.

ⓑ 그곳은 **참 평화로운** 호수구나!
__________ __________ __________ lake it is!

7
ⓐ 저녁노을이 무척 아름다웠다.
The sunset was very beautiful.

ⓑ 저녁노을이 **정말 아름다웠어**!
__________ __________ the sunset was!

8
ⓐ 그 집들은 매우 다채롭다.
The houses are very colorful.

ⓑ **정말 다채로운 집들이구나**!
__________ __________ __________!

STEP **2** 영작 **완성하기**

1 그것은 정말 훌륭한 영화였어! (a great movie)

→ ___________ ___________ ___________ ___________ it was!

2 수영장에서 뛰어다니지 마라. (run)

→ ___________ ___________ around the swimming pool.

3 이 의자는 정말 편안하구나! (comfortable)

→ ___________ ___________ this chair is!

4 이번 주말에 박물관에 가자. (the museum)

→ ___________ ___________ ___________ ___________ ___________ this weekend.

5 이 책은 정말 흥미롭구나! (interesting)

→ ___________ ___________ this book is!

STEP **3** 배열 **영작하기**

1 그는 정말 재미있구나!　funny, how, is, he

→ ____

2 우리의 시간을 낭비하지 말자.　not, our, let's, time, waste

→ ____

3 그녀의 머리카락은 정말 길구나!　long, is, her, how, hair

→ ____

4 참 화창한 날이구나!　a, day, is, it, sunny, what

→ ____

5 수업 중에는 휴대전화를 사용하지 마라.　use, phone, your, in class, don't

→ ____

집중 훈련 1 틀린 부분 고치기
어법이나 의미가 <u>틀린</u> 부분을 찾아 바르게 고치시오.

집중 훈련 2 영작 완성하기
주어진 말을 활용하여 문장을 완성하시오.

01
How old does a turtle live?
거북은 얼마나 오래 사니?

______________ → ______________

02
Who coat is this?
이건 누구의 외투니?

______________ → ______________

03
How do you want to be an actor?
너는 왜 배우가 되고 싶니?

______________ → ______________

04
How much pencils do you have?
너는 몇 개의 연필을 가지고 있니?

______________ → ______________

05
Let's don't play outside today.
오늘은 밖에서 놀지 말자.

______________ → ______________

06
Not be rude to your friends.
네 친구들에게 무례하게 굴지 마라.

______________ → ______________

07
How a big hamburger this is!
이것은 정말 큰 햄버거구나!

______________ → ______________

08 그는 왜 회의에 늦었니? (late)

→ ______________________ for the meeting?

09 너는 언제 그를 만났니? (meet)

→ ______________________ him?

10 새로운 학생에게 친절하게 대해라. (friendly)

→ ______________ to the new student.

11 이것 또는 저것 중 어떤 가방이 너의 것이니?
(bag, yours)

→ ______________, this one or
that one?

12 도움을 요청하는 것을 두려워하지 마라. (afraid)

→ ______________ to ask for help.

13 그녀는 정말 똑똑한 학생이구나! (smart)

→ ______________ she is!

14 너희들은 소풍을 어디로 갈 거니? (will, go)

→ ______________ on a picnic?

집중 훈련 **3** 통문장 영작하기

주어진 말을 활용하여 영작하시오.

집중 훈련 **4** 조건 영작하기

우리말과 의미가 같도록 〈조건〉에 맞게 영작하시오.

15 이것은 누구의 공책이니? (notebook)

→ ___________________________

16 너의 막내 남동생은 몇 살이니? (youngest brother)

→ ___________________________

17 우유를 좀 사자. (some milk)

→ ___________________________

18 네 여동생은 정말 사랑스럽구나! (how, lovely)

→ ___________________________

19 누가 어제 내 우산을 가져갔니? (take, umbrella)

→ ___________________________

20

> **A** 당신은 누구를 찾고 계신가요?
> (look for)
> **B** I'm looking for Mr. Lee.

→ ___________________________

21

> **A** 이 안경은 얼마인가요?
> (these glasses)
> **B** They are 20,000 won.

→ ___________________________

22 너는 언제 그 사실을 들었니?

> 조건 **1** 주어진 표현을 사용할 것
> (hear, the truth)
> **2** 6단어의 의문문으로 쓸 것

→ ___________________________

23 너희 집은 얼마나 멀리 있니?

> 조건 **1** how와 house를 사용할 것
> **2** 총 5단어의 의문문으로 쓸 것

→ ___________________________

24 지금 결정을 내리지 말자.

> 조건 **1** 괄호 안에 주어진 표현을 사용할 것
> (make a decision)
> **2** 6단어의 청유문으로 쓸 것

→ ___________________________

25 그것은 정말 잊을 수 없는 경험이었어!

> 조건 **1** 괄호 안의 표현을 사용할 것
> (an unforgettable experience)
> **2** 주어와 동사를 생략하지 말 것
> **3** 6단어의 감탄문으로 쓸 것

→ ___________________________

서술형 1   (4점, 각 2점)

다음 문장을 지시대로 바꿔 쓰시오.

> The firefighter is very brave.

(1) how로 시작하는 감탄문으로 쓰시오. (주어와 동사 포함)

→ ___________________________________

(2) what으로 시작하는 감탄문으로 쓰시오. (주어와 동사 생략)

→ ___________________________________

서술형 2   (4점)

우리말과 의미가 같도록 〈조건〉에 맞게 영작하시오.

> 오늘 밤에는 외식하지 말자.

조건 1 주어진 단어를 사용하시오. (eat out)
      2 5단어의 문장으로 서술하시오.

→ ___________________________________

서술형 3   (6점, 각 3점)

그림을 보고, 다음 대화의 질문을 완성하시오.

(1)   (2)

(1) A ____________ ____________ are

there on the table?

B There are three cups.

(2) A ____________ ____________ does he go

mountain climbing?

B Once a week.

서술형 4   (6점, 각 2점)

우리말과 의미가 같도록 빈칸에 알맞은 말을 쓰시오.

(1) 너는 오늘 왜 그렇게 일찍 일어났니?

→ ____________ ____________ ____________ get

up so early today?

(2) 그녀는 어떻게 이 파스타를 만들었니?

→ ____________ ____________ ____________

make this pasta?

(3) 이 나무는 키가 얼마나 크니?

→ ____________ ____________ ____________ this

tree?

서술형 5   (4점, 각 2점)

다음 대화에서 틀린 부분을 찾아 바르게 고쳐 쓰시오.

> A Look! How a beautiful flower!
>   Do you want it?
> B No! Doesn't pick the flower.

(1) ____________________ → ____________________

(2) ____________________ → ____________________

서술형 6 NEW   (6점, 각 3점)

다음 대화를 읽고, 질문에 영어로 답하시오.

> Tony   What are you going to do tomorrow?
> Kevin I don't have any plans yet.
> Tony   How about going to the movies?
> Kevin Sounds good. Let's meet at noon.
> Tony   Okay.

(1) What will Kevin do tomorrow?

→ _________________________________ (6단어)

(2) When will Tony and Kevin meet tomorrow?

→ _________________________________ (5단어)

MEMO

시험에 더 강해진다!
보카클리어 시리즈

중등 시리즈

하루 25개 40일, 중학 필수 어휘 끝!

중학 기본편 | 예비중~중학 1학년
중학 기본+필수 어휘 1000개

중학 실력편 | 중학 2~3학년
중학 핵심 어휘 1000개

중학 완성편 | 중학 3학년~예비고
중학+예비 고등 어휘 1000개

고등 시리즈

고교필수·수능 어휘 완벽 마스터!

고교필수편 | 고등 1~2학년
고교 필수 어휘 1600개
하루 40개, 40일 완성

수능편 | 고등 2~3학년
수능 핵심 어휘 2000개
하루 40개, 50일 완성

학습 지원 서비스

휴대용 미니 단어장

어휘 MP3 파일

중등　　고등

모바일 어휘 학습 '암기고래' 앱

일반 모드 입장하기 〉 영어 〉 동아출판 〉 보카클리어

안드로이드　　iOS

동아출판 영어 교재 가이드

영역	브랜드	초1~2	초3~4	초5~6	중1	중2	중3	고1	고2	고3
문법	[초·중등] 개념서 그래머 클리어 스타터 중학 영문법 클리어									
	[중등] 문법 문제서 그래머 클라우드 3000제									
	[중등] 실전 문제서 빠르게 통하는 영문법 핵심 1200제									
	[중등] 서술형 영문법 서술형에 더 강해지는 중학 영문법 [고등] 시험 영문법 시험에 더 강해지는 고등 영문법									
	개정판 [고등] 개념서 Supreme 고등 영문법									
어법	[고등] 기본서 Supreme 수능 어법 기본 실전									
쓰기	**개정판** [중등] 영작 집중 훈련서 중학 문법+쓰기 클리어									
기출	[중등] 기출예상문제집 특급기출 (중간, 기말) 윤정미, 이병민									

중학 문법＋쓰기

클리어.

Level 1

Answers

동아출판

중학 문법+쓰기

클리어.

Level 1

Answers

chapter ❶ be동사

❶ be동사의 현재형　　　pp. 8~9

1　1 we　2 he　3 they　4 you　5 it　6 they
　　7 they　8 it　9 they　10 he　11 she
　　12 they　13 she
2　1 You are / You're　2 It is / It's　3 She is / She's
　　4 They are / They're　5 He is / He's
　　6 We are / We're
3　1 are / They are　2 is / She is　3 is / It is
　　4 are / We are　5 are / They are
　　6 are / They are　7 is / It is

영작 기본 훈련　　　pp. 10~11

STEP 1

1　ⓐ am　　ⓑ I am　　ⓒ I'm
2　ⓐ are　　ⓑ We are　　ⓒ We're
3　ⓐ is　　ⓑ It is　　ⓒ It's
4　ⓐ is　　ⓑ He is　　ⓒ He's
5　ⓐ are　　ⓑ They are　　ⓒ They're
6　ⓐ are　　ⓑ You are　　ⓒ You're

STEP 2

1　This movie is　　　　2　My parents are
3　That boy is　　　　4　The singers are

STEP 3

1　Alex and Jude are angry
2　My sister is in the bathroom.
3　It's a very useful app.
4　I am in the first grade.
5　Ron and his friends are at the amusement park.

❷ be동사의 부정문　　　p. 12

1　1 It isn't(It's not)　2 John isn't　3 I'm not
　　4 They aren't(They're not)
2　1 am not / I'm not　2 are not / aren't
　　3 are not / aren't

❸ be동사의 의문문　　　p. 13

1　1 Are you　2 Are they　3 Is it　4 Is she
2　1 Are you / I am / I'm not
　　2 Is Tom / he is / he isn't
　　3 Are the girls / they are / they aren't

영작 기본 훈련　　　pp. 14~15

STEP 1

1　ⓐ I am　　　ⓑ I'm not
2　ⓐ They are　　ⓑ They aren't(They're not)
3　ⓐ James isn't　　ⓑ Is he
4　ⓐ It isn't(It's not)　　ⓑ Is it
5　ⓐ Emma isn't　　ⓑ She is
6　ⓐ They aren't(They're not)　　ⓑ Are they
7　ⓐ I'm not　　ⓑ I am
8　ⓐ Are you　　ⓑ You aren't(You're not)

STEP 2

1　Your umbrella isn't　　2　The students aren't
3　Is your bag　　　　4　Are the workers
5　Is the fruit

STEP 3

1　I'm not sleepy now.
2　Is the toy safe for children?
3　It isn't his mistake.
4　Claire and I aren't ready for the test.
5　Is she our new math teacher?

🎯 서술형 집중 훈련　　　pp. 16~17

집중 훈련 1

01 is → are　　　　02 aren't → isn't
03 Is → Are　　　　04 am → are
05 Is → Are　　　　06 isn't → aren't
07 Are → Is

"""

08 The books are   09 are very tall
10 She is〔She's〕busy   11 are not〔aren't〕at school
12 Is Ben good   13 The carrot is not〔isn't〕
14 Are you at

집중 훈련 3

15 I am〔I'm〕not a high school student.
16 Jacob is a clever guy.
17 They are〔They're〕at the restaurant.
18 Are we late for the meeting?
19 The shoes are not〔aren't〕expensive.
20 Are you 14 years old?
21 Is the ball under the sofa?

집중 훈련 4

22 The cookie isn't sweet.
23 Is your dog cute?
24 Are the students in the music room?
25 Julie isn't a swimmer.

01 주어(Her sons)가 복수이므로 be동사 are를 쓴다.
02 주어(Kelly)가 3인칭 단수이므로 be동사의 부정형은 isn't를 쓴다.
03 주어(Jay and Erin)가 복수이므로 be동사 Are를 쓴다.
04 주어(He and I)가 복수이므로 be동사 are 를 쓴다.
05 주어(my socks)가 복수이므로 be동사 Are를 쓴다.
06 주어(The children)가 복수이므로 be동사의 부정형은 aren't 를 쓴다.
07 주어(your father)가 3인칭 단수이므로 be동사 Is를 쓴다.
08 주어(The books)가 복수일 때 be동사 are를 쓴다.
09 주어(The buildings)가 복수일 때 be동사 are를 쓴다.
10 주어(She)가 3인칭 단수일 때 be동사 is를 쓴다. (be busy with: ~로 바쁘다)
11 주어(Kate and Lisa)가 복수일 때 be동사의 부정형은 are not〔aren't〕를 쓴다.
12 주어(Ben)가 3인칭 단수인 의문문은 be동사 Is를 주어 앞에 쓴다. (be good at: ~을 잘하다)
13 주어(The carrot)가 3인칭 단수일 때 be동사의 부정형은 is not〔isn't〕를 쓴다.
14 주어(you)가 복수인 의문문은 be동사 Are를 주어 앞에 쓴다.
15 I am의 부정형은 I am〔I'm〕not이며, I amn't로 줄여 쓰지 않는다.

16 주어(Jacob)가 3인칭 단수일 때 be동사 is를 쓴다.
17 주어(They)가 복수일 때 be동사 are를 쓴다.
18 주어(we)가 복수인 의문문은 be동사 Are를 주어 앞에 쓴다. (be late for: ~에 늦다)
19 주어(The shoes)가 복수일 때 be동사의 부정형은 are not〔aren't〕를 쓴다.
20 주어가 you인 의문문은 be동사 Are를 주어 앞에 쓴다.
21 주어(the ball)가 3인칭 단수인 의문문은 be동사 Is를 주어 앞에 쓴다.
22 주어(The cookie)가 3인칭 단수일 때 be동사의 부정형은 is not이고, 단어 수 조건에 맞게 isn't로 쓴다.
23 주어(your dog)가 3인칭 단수인 의문문은 be동사 Is를 주어 앞에 쓴다.
24 주어(the students)가 복수인 의문문은 be동사 Are를 주어 앞에 쓴다.
25 주어(Julie)가 3인칭 단수일 때 be동사의 부정형은 is not이고, 줄임말을 사용하라는 조건에 맞게 isn't로 쓴다.

CHAPTER 1
서술형 실전 TEST
p. 18

1 (1) You are not〔aren't〕good at math. / You're not good at math.
(2) Are you good at math?
2 He is
3 We aren't〔We're not〕famous.
4 My father isn't in Seoul.
5 (1) **A** Is the jacket on the sofa?
   B Yes, it is.
(2) **A** Are the men soccer players?
   B No, they aren't.
6 ④ am → are
7 (1) She is 22 years old. (2) She is a skater.
(3) She is not tall.

1 (1) You are의 부정형은 You are not〔aren't〕 또는 You're not을 쓴다.
(2) be동사의 의문문은 be동사를 주어 앞으로 보낸다.
2 주어(that boy)를 대신하는 인칭대명사 he를 쓰고, 주어가 3인칭 단수이므로 be동사 is를 쓴다.
3 We are not을 빈칸에 맞게 We aren't 또는 We're not으로 줄여 쓴다.
4 주어(My father)가 3인칭 단수일 때 be동사의 부정형은 is not이고, 단어 수 조건에 맞게 isn't로 쓴다.

5 (1) 주어가 3인칭 단수인 의문문은 be동사 Is를 주어 앞에 쓴다. 주어(the jacket)를 대신하는 인칭대명사 it을 사용하여 대답한다.
(2) 주어가 복수인 의문문은 be동사 Are를 주어 앞에 쓴다. 주어(the men)를 대신하는 인칭대명사 they를 사용하여 대답한다.

6 해석 Smith 선생님은 나의 영어 선생님이다. 그는 그의 학생들에게 매우 친절하다. 나의 친구들과 나는 그와 함께라서 행복하다. 영어는 내가 가장 좋아하는 과목이다!
→ ④ 주어(My friends and I)가 복수이므로 be동사 are를 쓴다.

7 3인칭 여성 단수 주어(Jina)를 대신하는 인칭대명사 she와 be동사 is를 사용하여 글을 완성한다.

chapter ❷ 일반동사

① 일반동사의 현재형   pp. 20~21

1 1 lives 2 brushes 3 does 4 says 5 makes
6 mixes 7 hurries 8 talks 9 misses
10 studies 11 watches 12 takes 13 tries
14 has 15 stays
2 1 have / has 2 go / goes 3 drink / drinks
4 cry / cries 5 teaches / teach 6 play / plays
7 worries / worry
3 1 drink 2 passes 3 flies 4 closes 5 do

영작 기본 훈련   pp. 22~23

STEP 1

1 ⓐ goes   ⓑ go to the gym
2 ⓐ wash   ⓑ washes her hands
3 ⓐ fix   ⓑ fixes cars
4 ⓐ reads   ⓑ read English books
5 ⓐ studies   ⓑ study math
6 ⓐ drives   ⓑ drive very safely
7 ⓐ have   ⓑ has a skateboard

STEP 2

1 tries   2 buys
3 visits   4 The boy goes
5 Her friends do

STEP 3

1 I love my parents very much.
2 She takes a walk every morning. / Every morning, she takes a walk.
3 My uncle teaches science at a high school.
4 They watch movies in the theater.
5 My sister practices the violin after school. / After school, my sister practices the violin.

② 일반동사의 부정문   p. 24

1 1 do not like 2 does not play 3 do not start
4 does not eat
2 1 doesn't drive 2 don't exercise
3 doesn't get up

③ 일반동사의 의문문   p. 25

1 1 Does, watch 2 Does, teach 3 Do, have
2 1 Do you know / I do
2 Does she speak / she doesn't
3 Do they stay / they don't
4 Does Peter work / he does

영작 기본 훈련   pp. 26~27

STEP 1

1 ⓐ don't read   ⓑ doesn't read
2 ⓐ doesn't stop   ⓑ don't stop
3 ⓐ doesn't study   ⓑ don't study
4 ⓐ doesn't eat   ⓑ don't eat
5 ⓐ Do you need   ⓑ Does he need
6 ⓐ Does she want   ⓑ Do you want
7 ⓐ Does Sam play   ⓑ Do they play
8 ⓐ Does Kate live   ⓑ Do Kate and Brad live

STEP 2

1 Does Linda feed   2 I don't take
3 Do you talk   4 Do they go
5 Josh doesn't use

STEP 3

1 Do you check your email

2 My aunt doesn't have any pets.

3 Julia and I don't wear school uniforms.

4 Does the museum open on Sundays?

5 Does the supermarket sell bread?

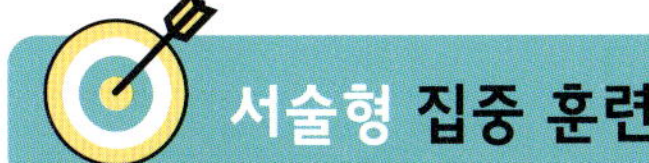

서술형 집중 훈련

pp. 28~29

집중 훈련 1

01 lives → live　　**02** don't → doesn't

03 teach → teaches　　**04** Are → Do

05 doesn't → don't　　**06** wants → want

07 Is → Does

집중 훈련 2

08 She studies science

09 I do not(don't) wear

10 The student does not(doesn't) understand

11 He takes a shower

12 They do not(don't) eat vegetables

13 Does Joe work

14 Do your friends like

집중 훈련 3

15 Jamie enjoys cooking.

16 Does Sarah have a bike?

17 Lora goes to school on foot.

18 They do not(don't) know her name.

19 Do your parents speak English?

20 Does Tim clean his room every day?

21 They help sick people.

집중 훈련 4

22 She doesn't get up early on Sundays.

23 Chris has two sketchbooks.

24 The train passes through the tunnel.

25 Does he go to the library every day?

01 주어(Jack and Helen)가 복수이므로 일반동사의 현재형은 동사원형을 쓴다.

02 주어(My sister)가 3인칭 단수이므로 일반동사 현재형의 부정

문은 「does not(doesn't)+동사원형」으로 쓴다.

03 주어(Mr. Pitt)가 3인칭 단수이므로 -ch로 끝나는 동사의 현재형은 -es를 붙여 쓴다.

04 주어(the birds)가 복수인 일반동사 현재형의 의문문은 「Do+주어+동사원형 ~?」으로 쓴다.

05 주어(Tom and Jim)가 복수이므로 일반동사 현재형의 부정문은 「do not(don't)+동사원형」으로 쓴다.

06 주어(she)가 3인칭 단수인 일반동사 현재형의 의문문은 「Does+주어+동사원형 ~?」이므로 주어 뒤에는 동사원형을 쓴다.

07 주어(Rachel)가 3인칭 단수인 일반동사 현재형의 의문문은 「Does+주어+동사원형 ~?」으로 쓴다.

08 주어(She)가 3인칭 단수일 때 「자음+y」로 끝나는 동사의 현재형은 y를 i로 고치고 -es를 붙여 쓴다.

09 주어가 I일 때 일반동사 현재형의 부정문은 「I do not(don't)+동사원형」으로 쓴다.

10 주어(The student)가 3인칭 단수일 때 일반동사 현재형의 부정문은 「does not(doesn't)+동사원형」으로 쓴다.

11 주어(He)가 3인칭 단수일 때 일반동사의 현재형은 -s를 붙여 쓴다.

12 주어(They)가 복수일 때 일반동사 현재형의 부정문은 「do not(don't)+동사원형」으로 쓴다.

13 주어(Joe)가 3인칭 단수일 때 일반동사 현재형의 의문문은 「Does+주어+동사원형 ~?」으로 쓴다.

14 주어(your friends)가 복수일 때 일반동사 현재형의 의문문은 「Do+주어+동사원형 ~?」으로 쓴다.

15 주어(Jamie)가 3인칭 단수일 때 일반동사의 현재형은 -s를 붙여 쓴다.

16 주어(Sarah)가 3인칭 단수일 때 일반동사 현재형의 의문문은 「Does+주어+동사원형 ~?」으로 쓴다.

17 주어(Lora)가 3인칭 단수일 때 -o로 끝나는 동사의 현재형은 -es를 붙여 쓴다.

18 주어(They)가 복수일 때 일반동사 현재형의 부정문은 「do not(don't)+동사원형」으로 쓴다.

19 주어(your parents)가 복수일 때 일반동사 현재형의 의문문은 「Do+주어+동사원형 ~?」으로 쓴다.

20 주어(Tim)가 3인칭 단수일 때 일반동사 현재형의 의문문은 「Does+주어+동사원형 ~?」으로 쓴다.

21 주어(They)가 복수일 때 일반동사의 현재형은 동사원형을 쓴다.

22 주어(She)가 3인칭 단수일 때 일반동사 현재형의 부정문은 「does not(doesn't)+동사원형」으로 쓴다.

23 주어(Chris)가 3인칭 단수일 때 동사 have의 현재형은 has로 쓴다.

24 주어(The train)가 3인칭 단수일 때 -s로 끝나는 동사의 현재형은 -es를 붙여 쓴다.

25 주어(he)가 3인칭 단수일 때 일반동사 현재형의 의문문은 「Does+주어+동사원형 ~?」으로 쓴다.

CHAPTER 2

서술형 실전 TEST
p. 30

1 (1) You do not〔don't〕study hard at school.
　(2) Do you study hard at school?
　(3) studies hard at school
2 (1) cooks dinner　(2) help
3 (1) goes for a walk　(2) has breakfast
　(3) plays with her friends
　(4) takes a guitar lesson
4 Does the bookstore sell children's books?
5 ③ swims → swim
6 (1) is　(2) lives　(3) has　(4) doesn't not〔doesn't〕 have　(5) plays badminton

1 (1) 주어가 You일 때 일반동사 현재형의 부정문은 「You do not〔don't〕+동사원형」으로 쓴다.
　(2) 의문문은 「Do you+동사원형 ~?」으로 쓴다.
　(3) 주어가 3인칭 단수(He)로 바뀌었으므로 동사 study의 y를 i로 고치고 -es를 붙여 쓴다.
2 (1) 주어(My father)가 3인칭 단수이므로 일반동사의 현재형은 -s를 붙여 쓴다.
　(2) 주어(My brother and I)가 복수이므로 일반동사의 현재형은 동사원형을 쓴다.
3 주어(Jenny)가 3인칭 단수이므로, 동사 go의 현재형은 -es를 붙여 쓰고, have는 has로 고치고, play와 take는 -s를 붙여 쓴다.
4 주어(the bookstore)가 3인칭 단수일 때 일반동사 현재형의 의문문은 「Does+주어+동사원형 ~?」으로 쓴다.
5 해석 나의 가족은 한 달에 한 번 캠핑을 하러 간다. 나의 아버지는 낚시하는 것을 좋아하신다. 나의 어머니는 독서하는 것을 즐기신다. 나의 누나와 나는 강에서 수영한다. 우리는 언제나 즐거운 시간을 가진다!
　→ ③ 주어(My sister and I)가 복수이므로 일반동사의 현재형은 동사원형을 쓴다.
6 해석 James는 내 친구이다. 그는 14살이다. 그는 로스엔젤레스에 산다. 그는 남자 형제가 하나 있다. 그는 여자 형제가 없다. 그는 주말마다 배드민턴을 친다.
　→ 주어가 3인칭 단수일 때 be동사의 현재형은 is를 쓰고, 일반동사 live, play는 -s를 붙여 쓰며, have는 has로 쓴다. 일반동사 현재형의 부정문은 「does not〔doesn't〕+동사원형」으로 쓴다.

chapter ❸ 과거시제

❶ be동사의 과거형과 부정문
p. 32

1 **1** was　**2** was　**3** were　**4** was
2 **1** He was not　**2** They were not　**3** Sally wasn't　**4** The students weren't

❷ be동사 과거형의 의문문
p. 33

1 **1** Were　**2** Was　**3** Was　**4** Were
2 **1** Was Tom / he was / he wasn't
　2 Were you and Jane / we were / we weren't
　3 Were the books / they were / they weren't
　4 Was the movie / it was / it wasn't

영작 기본 훈련
pp. 34~35

STEP ❶

1 ⓐ I am　　ⓑ I was in China
2 ⓐ Are they　　ⓑ Were they dancers
3 ⓐ isn't　　ⓑ It wasn't cold
4 ⓐ is　　ⓑ was clean
5 ⓐ We aren't　　ⓑ We weren't at school
6 ⓐ isn't　　ⓑ The man wasn't
7 ⓐ Is　　ⓑ Was the song
8 ⓐ Are you　　ⓑ Were you

STEP ❷

1 were, last year
2 I wasn't, last night
3 Were they, this morning
4 was not, one hour ago
5 Was Kate, in 2023

STEP ❸

1 and I were classmates last year
2 The artists were not famous
3 was not at the theater last night
4 Were you sick yesterday?
5 Was the woman rich in 2015?

1 **1** lived   **2** wrote   **3** dropped   **4** cried
    5 played
2 **1** studied   **2** read   **3** drank   **4** cooked

4 일반동사 과거형의 부정문과 의문문   p. 37

1 **1** ran / didn't run   **2** slept / didn't sleep
    3 took / didn't take   **4** stopped / didn't stop
2 **1** Did they win / they did
    2 Did Lisa eat / she didn't
    3 Did you lie / I didn't
    4 Did he come / he did

영작 기본 훈련   pp. 38~39

STEP 1

1 ⓐ get up   ⓑ got up
2 ⓐ eats   ⓑ ate
3 ⓐ don't go out   ⓑ didn't go out
4 ⓐ Do you exercise   ⓑ Did you exercise
5 ⓐ rides   ⓑ rode
6 ⓐ Does he make   ⓑ Did he make
7 ⓐ don't drink   ⓑ didn't drink
8 ⓐ Does she bake   ⓑ Did she bake

STEP 2

1 My friends went   2 I didn't practice
3 Did Jake finish   4 My sister caught
5 Did you get

STEP 3

1 Did the bus arrive late
2 saw his favorite actor yesterday
3 Did Andy live in this city
4 He did not know the answer
5 We didn't buy anything at the supermarket.

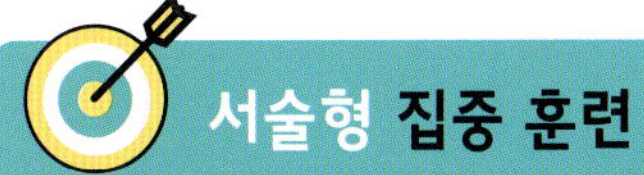

서술형 집중 훈련   pp. 40~41

집중 훈련 1

01 was → were   02 begined → began
03 reads → read   04 Did → Was
05 wasn't → didn't   06 made → make
07 had not → did not〔didn't〕have

집중 훈련 2

08 The cat was not〔wasn't〕
09 Jane walked to school
10 He did not〔didn't〕study hard
11 Were you and your sister busy
12 Did she travel to Europe
13 Ken gave me
14 were not〔weren't〕in Busan last week

집중 훈련 3

15 The car stopped near my house.
16 Karen met her friends after school. / After
    school, Karen met her friends.
17 Were they in Seoul two years ago?
18 The weather was not〔wasn't〕nice.
19 He did not〔didn't〕brush his teeth last night. /
    Last night, he did not〔didn't〕brush his teeth.
20 Did you read my email?
21 He caught a cold.

집중 훈련 4

22 Were the tests difficult?
23 She cut my hair a week ago.
24 Did they have lunch together yesterday?
25 He didn't do his homework.

01 주어(Mina and I)가 복수이므로 be동사의 과거형은 were를
    쓴다.
02 begin의 과거형은 began이다.
03 read는 현재형과 과거형의 형태가 같은 동사로, 과거형은 read
    이다.
04 '~(하)다'라는 주어의 상태는 be동사를 써서 나타낸다. 주어
    (Julie)가 단수이면서 과거를 나타내는 표현(yesterday)이 있
    으므로 Was를 쓴다.

05 일반동사(go) 과거형의 부정문은 「did not〔didn't〕+동사원형」으로 쓴다.

06 일반동사 과거형의 의문문은 「Did+주어+동사원형 ~?」이므로 주어 뒤에는 동사원형을 쓴다.

07 일반동사 과거형의 부정문은 「did not〔didn't〕+동사원형」으로 쓴다.

08 주어(The cat)가 단수이므로 be동사 과거형의 부정문은 was not〔wasn't〕로 쓴다.

09 walk의 과거형은 walked이다.

10 일반동사 과거형의 부정문은 「did not〔didn't〕+동사원형」으로 쓴다.

11 주어(you and your sister)가 복수이므로 be동사 과거형의 의문문은 「Were+주어 ~?」로 쓴다.

12 일반동사 과거형의 의문문은 「Did+주어+동사원형 ~?」으로 쓴다.

13 give의 과거형은 gave이다.

14 주어(Mr. and Mrs. Smith)가 복수이므로 be동사 과거형의 부정문은 were not〔weren't〕로 쓴다.

15 stop의 과거형은 stopped이다.

16 meet의 과거형은 met이다.

17 주어(they)가 복수이므로 be동사 과거형의 의문문은 「Were+주어 ~?」로 쓴다.

18 주어(The weather)가 단수이므로 be동사 과거형의 부정문은 was not〔wasn't〕로 쓴다.

19 일반동사 과거형의 부정문은 「did not〔didn't〕+동사원형」으로 쓴다.

20 일반동사 과거형의 의문문은 「Did+주어+동사원형 ~?」으로 쓴다.

21 catch의 과거형은 caught이다.

22 주어(the tests)가 복수이므로 be동사 과거형의 의문문은 「Were+주어 ~?」로 쓴다.

23 cut은 현재형과 과거형의 형태가 같은 동사로, 과거형은 cut이다.

24 일반동사 과거형의 의문문은 「Did+주어+동사원형 ~?」으로 쓴다.

25 일반동사 과거형의 부정문은 「did not〔didn't〕+동사원형」으로 쓰고, 줄임말을 쓰라는 조건에 맞게 didn't를 사용한다. didn't 뒤에는 '~을 하다'라는 의미의 일반동사 do를 쓴다.

---

1 (1) The students were not〔weren't〕 kind and smart. (2) Were the students kind and smart? (3) was kind and smart

2 (1) Did you buy (2) I bought some fruit.

3 (1) David **was** my classmate.
(2) We **played** soccer after school.
(3) We **were** always happy together.

4 (1) read a book
(2) did not〔didn't〕 practice the violin

5 ② meeted → met

6 (1) went to a museum (2) saw many paintings
(3) ate sandwiches (4) was a fun day

---

1 (1) 주어(The students)가 복수일 때 be동사 과거형의 부정문은 were 뒤에 not을 쓴다.
(2) 의문문은 「Were+주어 ~?」로 쓴다.
(3) 주어가 단수(The student)로 바뀌었으므로 be동사는 was를 쓴다.

2 (1) No, I didn't.로 답한 것으로 보아 「Did you+동사원형 ~?」으로 쓴다. (2) buy의 과거형은 bought이다.

3 해석　David는 나의 반 친구이다. 우리는 방과 후에 축구를 한다. 우리는 언제나 함께 행복하다. 슬프게도, 그는 다른 도시로 이사를 갔다. 하지만 그는 여전히 나의 좋은 친구이다.
→ (1) be동사 is의 과거형은 was이다.
(2) play의 과거형은 played이다.
(3) be동사 are의 과거형은 were이다.

4 (1) read는 현재형과 과거형의 형태가 같은 동사로, 과거형은 read이다.
(2) 일반동사 과거형의 부정문은 「did not〔didn't〕+동사원형」으로 쓴다.

5 해석　나의 어머니와 나는 어젯밤 강을 따라 걸었다. 어머니는 그곳에서 친구를 만났다. 그녀는 친구와 오랫동안 이야기했다. 나는 그냥 기다렸다. 나는 정말 지루했다.
→ ② meet의 과거형은 met이다.

6 과거의 상태나 과거에 일어난 일을 나타낼 때는 동사의 과거형을 쓴다.

chapter ❹ 현재진행형과 미래시제

① 현재진행형   p. 44

1. **1** smiling   **2** sitting   **3** working   **4** dying
   5 riding   **6** writing   **7** winning   **8** closing
2. **1** is baking   **2** are running   **3** Tom is watching
   4 Jane is sitting

② 현재진행형의 부정문과 의문문   p. 45

1. **1** am not lying   **2** is not snowing
   3 are not planning   **4** is not driving
2. **1** Are, doing / am / I'm not
   2 Is, listening / she is / she isn't
   3 Are the birds flying / they are / they aren't
   4 Is your brother playing / he is / he isn't

영작 기본 훈련   pp. 46~47

STEP ①

1. ⓐ rains   ⓑ is raining
2. ⓐ don't eat   ⓑ aren't eating
3. ⓐ Does, live   ⓑ Is, living
4. ⓐ takes   ⓑ is taking
5. ⓐ Do, cut   ⓑ Are, cutting
6. ⓐ have   ⓑ am having
7. ⓐ brushes   ⓑ is brushing
8. ⓐ doesn't exercise   ⓑ isn't exercising

STEP ②

1. am tying
2. is not jogging
3. are reading
4. Are, looking for

STEP ③

1. is putting on his shoes
2. We are writing emails
3. Is Ted running a business
4. I am not wasting my time.
5. Is Sam talking on the phone?

③ 미래시제 1 │ will   p. 48

1. **1** will / will not be / Will, be
   2 will / won't cook / Will, cook
   3 will / won't play / Will, play
2. **1** will pay   **2** will not get   **3** Will, drive

④ 미래시제 2 │ be going to   p. 49

1. **1** is going to / is not going to travel / Is, going to travel
   2 is going to / isn't going to skip / Is, going to skip
   3 are going to / aren't going to order / Are, going to order
2. **1** is going to start   **2** am going to learn
   3 Are, going to move

영작 기본 훈련   pp. 50~51

STEP ①

1. will miss   2. will not eat
3. are going to follow   4. Is, going to study
5. will be   6. Will, go
7. is going to come   8. am going to buy

STEP ②

1. will eat out, this Saturday
2. Will, be, next year
3. Are, going to call, this afternoon
4. going to go shopping this weekend

STEP ③

1. I am going to stay
2. The baby will not wake up
3. She won't use her smartphone
4. is not going to go to the movies
5. Will you buy a new computer?

집중 훈련 **1**

01 studying → are studying
02 has → have   **03** runing → running
04 will tell not → will not〔won't〕 tell
05 play → playing   **06** goes → go
07 does → is

집중 훈련 **2**

08 I am〔I'm〕going to turn off
09 The team will not〔won't〕 lose
10 going to take a taxi
11 are swimming
12 Is he riding his bike
13 She is not〔isn't〕 chatting
14 going to climb a mountain

집중 훈련 **3**

15 We are〔We're〕going to volunteer at a hospital.
16 I am〔I'm〕not making a sandcastle.
17 Is your cat lying on the sofa now?
18 He will not〔won't〕 recommend the restaurant.
19 Are you going to wear your new jacket?
20 I am〔I'm〕writing an essay.
21 Will they arrive soon?

집중 훈련 **4**

22 Sally is having dessert with her friends.
23 Your parents will be proud of you.
24 Are the soccer players taking a break?
25 They aren't going to build a factory near the river.

01 '~하고 있다'라는 의미의 현재진행형은 「be동사의 현재형+동사원형-ing」로 쓴다. 주어(Josh and I)가 복수이므로 be동사는 are를 쓴다.

02 '~할 것이다'라는 의미의 미래시제는 「will+동사원형」으로 쓴다.

03 「단모음+단자음」으로 끝나는 동사의 -ing형은 마지막 자음을 추가하여 쓴다.

04 '~하지 않을 것이다'라는 의미의 미래시제 부정문은 「will not〔won't〕+동사원형」으로 쓴다.

05 '~하고 있지 않다'라는 의미의 현재진행형 부정문은 「be동사의 현재형+not+동사원형-ing」로 쓴다.

06 '~할 예정이니?'라는 의미의 미래시제 의문문은 「Be동사+주어+going to+동사원형 ~?」으로 쓴다.

07 '~하고 있다'라는 의미의 현재진행형은 「be동사의 현재형+동사원형-ing」로 쓴다. 주어(A woman)가 3인칭 단수이므로 be동사는 is를 쓴다.

08 '~할 것이다'라는 의미의 미래시제는 「be going to+동사원형」으로 쓴다. 주어가 I이므로 be동사는 am을 쓴다.

09 '~하지 않을 것이다'라는 의미의 미래시제 부정문은 「will not〔won't〕+동사원형」으로 쓴다.

10 '~할 거니?'라는 의미의 미래시제 의문문은 「Be동사+주어+going to+동사원형 ~?」으로 쓴다.

11 '~하고 있다'라는 의미의 현재진행형은 「be동사의 현재형+동사원형-ing」로 쓴다. 「단모음+단자음」으로 끝나는 동사의 -ing형은 마지막 자음을 추가하여 쓴다.

12 '~하고 있니?'라는 의미의 현재진행형 의문문은 「Be동사의 현재형+주어+동사원형-ing ~?」로 쓴다.

13 '~하고 있지 않다'라는 의미의 현재진행형 부정문은 「be동사의 현재형+not+동사원형-ing」로 쓴다. 「단모음+단자음」으로 끝나는 동사의 -ing 형은 마지막 자음을 추가하여 쓴다.

14 be동사 are가 쓰였으므로, 「be going to+동사원형」을 써서 미래시제를 나타낸다.

15 '~할 예정이다'라는 의미의 미래시제는 「be going to+동사원형」으로 쓴다.

16 '~하고 있지 않다'라는 의미의 현재진행형 부정문은 「be동사의 현재형+not+동사원형-ing」로 쓴다.

17 '~하고 있니?'라는 의미의 현재진행형 의문문은 「Be동사의 현재형+주어+동사원형-ing ~?」로 쓴다. ie로 끝나는 동사의 -ing형은 ie를 y로 바꾸고 -ing를 붙여 쓴다.

18 '~하지 않을 것이다'라는 의미의 미래시제 부정문은 「will not〔won't〕+동사원형」으로 쓴다.

19 '~할 거니?'라는 의미의 미래시제 의문문은 「Be동사+주어+going to+동사원형 ~?」으로 쓴다.

20 '~하고 있다'라는 의미의 현재진행형은 「be동사의 현재형+동사원형-ing」로 쓴다. e로 끝나는 동사의 -ing형은 e를 빼고 -ing를 붙여 쓴다.

21 '~할 거니?'라는 의미의 미래시제 의문문은 「Will+주어+동사원형 ~?」으로 쓴다.

22 '~하고 있다'라는 의미의 현재진행형은 「be동사의 현재형+동사원형-ing」로 쓴다. e로 끝나는 동사의 -ing형은 e를 빼고 -ing를 붙여 쓴다.

23 '~할 것이다'라는 의미의 미래시제는 「will+동사원형」으로 쓴다.

24 '~하고 있니?'라는 의미의 현재진행형 의문문은 「Be동사의 현재형+주어+동사원형-ing ~?」로 쓴다. e로 끝나는 동사의 -ing

형은 e를 빼고 -ing를 붙여 쓴다.

25 '~하지 않을 것이다'라는 의미의 미래시제 부정문은 「be동사 +not+going to+동사원형」으로 쓴다. 부정어를 줄여 쓰라는 조건에 맞게 aren't로 쓴다.

CHAPTER 4
서술형 실전 TEST
p. 54

1 (1) She is(She's) practicing the piano.
   (2) She will(is going to) meet Sally.
2 (1) They are making a snowman.
   (2) Are you going to take the subway?
3 He is not going to visit London.
4 (1) She is shopping for clothes.
   (2) He is going to(will) play with his dog.
5 ④ is going to writing → is going to write
6 (1) is going to visit a farm
   (2) will pick some apples

1 (1) 현재진행형은 「be동사의 현재형+동사원형-ing」로 쓴다.
   (2) 미래시제는 「will+동사원형」 또는 「be going to+동사원형」으로 나타낸다.
2 (1) 현재진행형은 「be동사의 현재형+동사원형-ing」로 쓴다. e로 끝나는 동사의 -ing형은 e를 빼고 -ing을 붙여 쓴다.
   (2) 7단어의 문장으로 써야 하므로 be going to를 사용한 미래시제 의문문인 「Be동사+주어+going to+동사원형 ~?」으로 쓴다.
3 미래시제 부정문은 「be동사+not+going to+동사원형」으로 쓴다.
4 (1) 현재 진행 중인 일은 「be동사의 현재형+동사원형-ing」를 써서 나타낸다. 「단모음+단자음」으로 끝나는 동사의 -ing형은 마지막 자음을 추가하여 쓴다.
   (2) 미래의 계획은 be going to나 will 뒤에 동사원형을 써서 나타낸다.
5 해석 내일은 발렌타인 데이이다. Sandy는 지금 초콜릿을 만들고 있다. 그녀는 그것을 그녀의 친구들에게 줄 것이다. 그녀는 그들을 위해 카드도 쓸 것이다. 그들은 행복할 것이다.
   → ④ 미래시제는 「be going to+동사원형」이므로 to 뒤에는 동사원형이 와야 한다.
6 미래의 계획은 be going to나 will 뒤에 동사원형을 써서 나타낸다.

---

chapter ⑤ 조동사

① can
p. 56

1 1 can speak   2 cannot(can't) work
   3 Can I join
2 1 am able to ride   2 is able to fix
   3 are able to make

② may
p. 57

1 1 may take   2 may not be   3 may read
   4 may eat
2 1 May, come   2 may have   3 may not park

영작 기본 훈련
pp. 58~59

STEP 1

1 ⓐ can play   ⓑ cannot(can't) play
2 ⓐ may know   ⓑ may not know
3 ⓐ can run   ⓑ may run
4 ⓐ can(may) watch   ⓑ cannot(can't) watch
5 ⓐ Can(May), open   ⓑ can(may) open
6 ⓐ may be   ⓑ may not be
7 ⓐ Can, tell   ⓑ can tell
8 ⓐ may be able to help   ⓑ may not be able to help

STEP 2

1 Can, speak   2 may be
3 may find   4 cannot(can't) feed
5 will be able to get

STEP 3

1 is able to read French
2 may snow in the evening
3 You may not take pictures
4 I can't remember his name.
5 Can I borrow your umbrella?

1 **1** must arrive / have to arrive
2 must wear / has to wear
2 **1** must not use **2** don't have to worry
3 doesn't have to go

1 **1** should eat **2** should not walk **3** should see
2 **1** should take **2** should not watch
3 don't have to call **4** must make

영작 기본 훈련 pp. 62~63

STEP 1

1 ⓐ must(should) leave ⓑ don't have to leave
2 ⓐ should read ⓑ should not read
3 ⓐ must(should) share ⓑ must(should) not share
4 ⓐ should pack ⓑ don't have to pack
5 ⓐ have to take ⓑ must(should) not take
6 ⓐ must(should) bring ⓑ don't have to bring
7 ⓐ have to win ⓑ has to win
8 ⓐ doesn't have to eat ⓑ don't have to eat

STEP 2

1 should keep **2** had to take
3 don't have to answer **4** must not touch
5 must follow

STEP 3

1 must pass the exam
2 will have to save her money
3 You should not fight with your friends.
4 People must be careful on the icy road.
5 He doesn't have to buy a new bag.

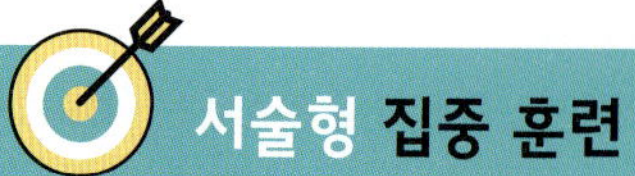

서술형 집중 훈련 pp. 64~65

집중 훈련 1

01 mays → may **02** gets → get
03 must → may **04** have to → has to
05 brings → bring **06** able to → be able to
07 don't should → should not(shouldn't)

집중 훈련 2

08 We must(have to/should) stop
09 May(Can) I use
10 Amy was not(wasn't) able to find
11 doesn't have to hurry
12 may not be
13 Can you wait
14 You will be able to get

집중 훈련 3

15 He had to take care of his dog.
16 She may write a letter to me.
17 You don't have to know everything.
18 You should wear a coat.
19 We were able to catch the last train.
20 Can you answer the phone for me?
21 May(Can) I bring coffee into the museum?

집중 훈련 4

22 We should take a walk tonight.
23 I cannot(can't) believe my exam score.
24 She will have to wake up early tomorrow.
25 Ben doesn't have to read the book now.

01 조동사는 주어의 인칭과 수에 따라 형태가 변하지 않는다.
02 조동사 뒤에는 항상 동사원형을 쓴다.
03 '~할지도 모른다'라는 추측의 의미를 나타내므로 조동사 may 를 쓴다.
04 have to는 주어의 인칭과 수, 문장의 시제에 따라 형태를 바꾸어 쓴다. 현재시제이고, 주어(Karen)가 3인칭 단수이므로 has to로 쓴다.
05 조동사 뒤에는 항상 동사원형을 쓴다.
06 조동사는 두 개를 연달아 쓸 수 없으므로, may 뒤에 can 대신 be able to를 써야 한다. 이때 be동사를 빠뜨리지 않도록 유의한다.

07 조동사 should 의 부정형은 should not〔shouldn't〕로 쓴다.

08 '~해야 한다'라는 의무의 의미를 나타낼 때는 「must〔have to/should〕+동사원형」으로 쓴다.

09 '~해도 되나요?'라는 허가의 의미를 나타낼 때는 「May〔Can〕+주어+동사원형 ~?」으로 쓴다.

10 able을 이용해 '~할 수 없다'라는 불가능의 의미를 나타낼 때는 「be동사+not+able to+동사원형」으로 쓴다. 주어(Amy)가 단수이고, 과거시제이므로 be동사는 was를 쓴다.

11 '~할 필요가 없다'라는 불필요의 의미를 나타낼 때는 「don't/doesn't have to+동사원형」으로 쓴다.

12 '~하지 않을지도 모른다'라는 부정적 추측의 의미를 나타낼 때는 「may not+동사원형」으로 쓴다.

13 '~해 주겠니?'라는 요청의 의미를 나타낼 때는 조동사 can을 쓴다.

14 조동사는 두 개를 연달아 쓸 수 없으므로 '~할 수 있을 것이다'라는 가능과 미래의 의미를 함께 나타낼 때는 will be able to를 쓴다.

15 have to의 과거형은 had to로 쓴다.

16 '~할지도 모른다'라는 추측의 의미를 나타낼 때는 「may+동사원형」으로 쓴다.

17 '~할 필요가 없다'라는 불필요의 의미를 나타낼 때는 「don't/doesn't have to+동사원형」으로 쓴다.

18 '~하는 것이 좋겠다'라는 충고의 의미를 나타낼 때는 「should+동사원형」으로 쓴다.

19 be동사를 이용해 '~할 수 있다'라는 가능의 의미를 나타낼 때는 「be able to+동사원형」으로 쓴다. 주어(We)가 복수이고, 과거시제이므로 be동사는 were를 쓴다.

20 '~해 주겠니?'라는 요청의 의미를 나타낼 때는 조동사 can을 쓴다.

21 '~해도 될까요?'라는 허가의 의미를 나타낼 때는 조동사 may나 can을 쓴다.

22 '~하는 것이 좋겠다'라는 충고의 의미를 나타낼 때는 「should+동사원형」으로 쓴다.

23 '~할 수 없다'라는 의미의 조동사 can의 부정문은 「cannot〔can't〕+동사원형」으로 쓴다.

24 조동사는 두 개를 연달아 쓸 수 없으므로 '~해야 할 것이다'라는 의무와 미래의 의미를 함께 나타낼 때는 will have to를 쓴다.

25 '~할 필요가 없다'라는 의미를 나타낼 때는 「don't/doesn't have to+동사원형」으로 쓴다. 주어(Ben)가 3인칭 단수이므로 줄임말을 쓰라는 조건에 맞게 doesn't have to 로 쓴다.

1 (1) may come (2) don't have to go

2 (1) He has to check his email.
(2) He had to check his email.
(3) He will have to check his email.

3 You should wear comfortable shoes.

4 (1) can ride a bike (2) must not drink

5 You may be able to use the app.

6 (1) must do his homework
(2) must not play computer games

1 (1) ~할지도 모른다(추측): may+동사원형
(2) ~할 필요가 없다(불필요): don't/doesn't have to+동사원형

2 조동사 must를 have to로 나타낼 때는 주어의 인칭과 수, 문장의 시제에 따라 알맞은 형태를 써야 한다.
(1) 주어(He)가 3인칭 단수이므로 has to로 쓴다.
(2), (3) 과거시제와 미래시제는 각각 had to, will have to로 쓴다.

3 '~하는 것이 좋겠다'라는 충고의 의미를 나타낼 때는 「should+동사원형」으로 쓴다.

4 (1) ~해도 된다(허가): can+동사원형
(2) ~하면 안 된다(금지): must not+동사원형

5 '~할지도 모른다'라는 추측의 의미의 조동사 may를 추가하여 「주어+may be able to+동사원형」으로 쓴다.

6 해석 Steve에게
(1) 네 숙제를 해라.
(2) 컴퓨터 게임을 하지 말아라.
6시 30분에 집에 올 거야.　　　　　엄마가
→ (1) ~해야 한다(의무): must+동사원형
(2) ~하면 안 된다(금지): must not+동사원형

chapter ❻ 문장의 구조

① be동사 뒤에 보어가 있는 문장　　p. 68

1　**1** is wise　**2** are twins　**3** was hungry
　4 are tulips　**5** were easy
2　**1** 명사 / a doctor　**2** 형용사 / heavy
　3 형용사 / cloudy　**4** 명사 / scientists
　5 형용사 / friendly

② 감각동사 뒤에 보어가 있는 문장　　p. 69

1　**1** taste sweet　**2** feel strange　**3** look similar
　4 smell terrible
2　**1** looks sad　**2** feels soft　**3** sounded weak
　4 looked like cotton candy

영작 기본 훈련　　pp. 70~71

STEP 1

1　ⓐ is delicious　　ⓑ smells delicious
2　ⓐ is busy　　ⓑ looks busy
3　ⓐ are beautiful　　ⓑ sound beautiful
4　ⓐ is warm　　ⓑ feels warm
5　ⓐ was perfect　　ⓑ sounded perfect
6　ⓐ was sticky　　ⓑ felt sticky
7　ⓐ is sour　　ⓑ tastes sour
8　ⓐ was a monster　　ⓑ looked like a monster

STEP 2

1　were simple　　　**2**　tastes bitter
3　sounds lovely　　**4**　looks comfortable
5　smelled bad

STEP 3

1　I felt very tired
2　The idol is popular
3　The city was silent
4　The quiz looked difficult.
5　This chocolate cake tastes too sweet.

③ 목적어가 두 개인 문장　　p. 72

1　**1** us, English　**2** son, book　**3** daughter, desk
　4 them, house
2　**1** asked him　**2** pass me the salt
　3 read us a poem

④ 목적어가 두 개인 문장의 전환　　p. 73

1　**1** yoga to me　**2** pasta for her
　3 a postcard to them
2　**1** bought, for　**2** showed, to　**3** asked, of
　4 makes, for

영작 기본 훈련　　pp. 74~75

STEP 1

1　ⓐ passed　　ⓑ passed me
2　ⓐ will buy　　ⓑ will buy her
3　ⓐ made　　ⓑ made, for them
4　ⓐ get　　ⓑ get him
5　ⓐ cooked　　ⓑ cooked, for Jane
6　ⓐ teaches　　ⓑ teaches, to children (kids)
7　ⓐ read　　ⓑ read his dad
8　ⓐ brought　　ⓑ brought, to us

STEP 2

1　showed her new shoes to us
2　will get coffee for you
3　sent a package to him
4　is reading a book to his son

STEP 3

1　told us a scary story
2　My brother brings a toy to me
3　bought this T-shirt for me
4　My parents give me an allowance
5　I asked him an interesting question.

5 목적격 보어가 있는 문장　　pp. 76~77

1　1 우리의 고양이를, 키키라고　2 나를, 졸리게
　　3 그 방을, 시원하게　4 그 시험이, 어렵다고
　　5 그를, 영웅으로　6 나를, '강아지'라고
2　1 great　2 angry　3 it, fresh　4 the car, Ace
　　5 her, a star
3　1 found, useful　2 call, Jane　3 made, upset
　　4 keep, safe　5 named, Echo

영작 기본 훈련　　pp. 78~79

STEP 1

1　my dog Buddy
2　the steak salty
3　parrots cute
4　the prices high
5　them stars
6　this place our playground
7　the bakery famous

STEP 2

1　make the class fun
2　called me a liar
3　found the night view amazing
4　People kept the park safe.
5　The photo made her a model.

STEP 3

1　call him a giant
2　made them rich
3　named her Sora
4　He keeps his shoes clean
5　found her voice familiar

서술형 집중 훈련　　pp. 80~81

집중 훈련 1

01 happily → happy　　**02** smells → smells like
03 of → for (또는 a sandwich of you → you a sandwich)
04 for → to (또는 some advice for me → me some advice)
05 spicy the food → the food spicy
06 freshily → fresh
07 us → to us (또는 a photo us → us a photo)

집중 훈련 2

08 are my classmates
09 sounded strange
10 tastes like lemonade
11 will teach you a lesson(will teach a lesson to you)
12 name your cat Sally　　**13** keeps his bed clean
14 found the joke silly

집중 훈련 3

15 This chair feels hard.
16 I can cook breakfast for you.
17 Amy read a letter to her sister.
18 The trip made me tired.
19 Everyone found the idea excellent.
20 It tastes wonderful.
21 I am(I'm) going to buy a book for Jane.

집중 훈련 4

22 My dog looks like a wolf.
23 Can I ask a favor of you?
24 I won't tell anyone your secret.
25 They found the story scary.

01 감각동사 look의 보어는 형용사를 쓴다.
02 감각동사 뒤에 명사가 올 때는 「감각동사＋like＋명사」 형태로 쓴다.
03 수여동사 make는 「make＋간접목적어＋직접목적어」 또는 「make＋직접목적어＋전치사(for)＋간접목적어」 형태로 쓴다.
04 수여동사 give는 「give＋간접목적어＋직접목적어」 또는

「give+직접목적어+전치사(to)+간접목적어」 형태로 쓴다.

05 목적어의 성질이나 상태를 보충 설명하는 목적격 보어(spicy)는 목적어 뒤에 온다.

06 '~을 …하게 유지하다'라는 의미는 「keep+목적어+목적격 보어」 형태로 쓴다. 이때 목적격 보어는 형용사를 쓴다.

07 수여동사 send은 「send+간접목적어+직접목적어」 또는 「send+직접목적어+전치사(to)+간접목적어」 형태로 쓴다.

08 be동사 뒤에 주어를 보충 설명하는 주격 보어를 쓴다.

09 '~하게 들리다'라는 의미의 감각동사 sound를 쓴다. 감각동사 뒤에는 형용사를 쓴다.

10 '~한 맛이 나다'라는 의미의 감각동사 taste를 쓴다. 감각동사 뒤에 명사가 올 때는 「감각동사+like+명사」 형태로 쓴다.

11 수여동사 teach는 「teach+간접목적어+직접목적어」 또는 「teach+직접목적어+전치사(to)+간접목적어」 형태로 쓴다.

12 '~을 …라고 이름 짓다'라는 의미는 「name+목적어+목적격 보어」 형태로 쓴다.

13 '~을 …하게 유지하다'라는 의미는 「keep+목적어+목적격 보어」 형태로 쓴다.

14 '~가 …하다고 생각하다'라는 의미는 「find+목적어+목적격 보어」 형태로 쓴다.

15 '~하게 느껴지다'라는 의미의 감각동사 feel을 쓴다. 감각동사 뒤에는 형용사를 쓴다.

16 주어진 for를 사용해 「cook+직접목적어+for+간접목적어」 형태로 쓴다.

17 주어진 to를 사용해 「read+직접목적어+to+간접목적어」 형태로 쓴다.

18 '~을 …하게 만들다'라는 의미는 「make+목적어+목적격 보어」 형태로 쓴다.

19 '~가 …하다고 생각하다'라는 의미는 「find+목적어+목적격 보어」 형태로 쓴다.

20 '~한 맛이 나다'라는 의미의 감각동사 taste를 쓴다. 감각동사 뒤에는 형용사를 쓴다.

21 주어진 for를 사용해 「buy+직접목적어+for+간접목적어」 형태로 쓴다.

22 '~처럼 보이다'라는 의미의 감각동사 look을 사용해 「look like+명사」 형태로 쓴다.

23 전치사를 사용하라는 조건에 맞게 「ask+직접목적어+of+간접목적어」 형태로 쓴다.

24 단어 수 조건에 맞게 「tell+간접목적어+직접목적어」 형태로 쓴다. '~하지 않을 것이다'라는 의미의 will not은 줄여서 won't로 쓴다.

25 '~가 …하다고 생각하다'라는 의미는 「find+목적어+목적격 보어」 형태로 쓴다.

1 interestingly → interesting
2 Nick made some cookies for his friends.
3 (1) gave me a scarf　(2) feels very〔so〕 soft
　(3) keeps me warm
4 My mother bought a laptop for me.
5 (1) looks like a shoe　(2) made him sad

1 감각동사 sound 뒤의 보어 자리에는 형용사를 쓴다. '~하게'로 해석된다고 해서 부사를 쓰지 않도록 유의한다.

2 수여동사 make 뒤에 직접목적어를 먼저 쓸 때는 간접목적어 앞에 전치사 for를 쓴다.

3 (1) 「수여동사(give)+간접목적어+직접목적어」 형태로 쓴다.
　(2) '~하게 느껴지다'라는 의미는 「feel+형용사」 형태로 쓴다.
　(3) '~을 …하게 유지하다'라는 의미는 「keep+목적어+목적격 보어」 형태로 쓴다.

4 단어 수 조건에 맞게 「buy+직접목적어+전치사(for)+간접목적어」 형태로 쓴다.

5 (1) 감각동사 뒤에 명사가 올 때는 「감각동사+like+명사」 형태로 쓴다.
　(2) '~을 …하게 만들다'라는 의미는 「make+목적어+목적격 보어」 형태로 쓴다.

chapter **7** to부정사

1 to부정사의 명사적 용법 1 | 주어 역할　p. 84

1 1 To know history　2 To watch soccer
　3 To solve the puzzle
2 1 It, to watch　2 It, to fly　3 It, to learn

2 to부정사의 명사적 용법 2 |
목적어·보어 역할　p. 85

1 1 to cook　2 to fix　3 to see　4 not to go
2 1 to win　2 to focus　3 to play

영작 기본 훈련

STEP 1

1 ⓐ to   ⓑ To make   ⓒ to make
2 ⓐ to   ⓑ to save   ⓒ to save
3 ⓐ to   ⓑ To exercise   ⓒ to exercise
4 ⓐ to   ⓑ It, to stay   ⓒ not to stay
5 ⓐ to   ⓑ to learn   ⓒ It, to learn
6 ⓐ to   ⓑ It, to believe   ⓒ to believe

STEP 2

1 promised to buy   2 It, to ride
3 is to drink water   4 is to get good grades
5 expected to find

STEP 3

1 is to travel to the moon
2 is to finish her homework this evening
3 It is difficult to understand this story.
4 Ken hopes to pass the audition.
5 Andy promised to bring some comic books.

3 to부정사의 형용사적 용법
p. 88

1 1 to drink   2 to wear   3 to save   4 to do
   5 to send
2 1 to buy   2 to show   3 to eat   4 to solve

4 to부정사의 부사적 용법
p. 89

1 1 공부하기 위해   2 그 소식을 듣고서
   3 나를 만나기 위해   4 그들과 함께 일하게 되어
2 1 to borrow   2 to see   3 to win

영작 기본 훈련

STEP 1

A

1 to buy sneakers   2 to wear
3 to finish

B

1 to relax   2 to succeed

3 to see John   4 to say goodbye
5 to visit

STEP 2

1 to look outside   2 anything to ask
3 pleased to see   4 places to visit
5 upset to move

STEP 3

1 excited to travel abroad for the first time
2 left early in order to get home
3 used her smartphone to take pictures
4 I needed someone to help me.
5 Ben looked happy to get a birthday present.

서술형 집중 훈련

집중 훈련 1

01 are → is   02 visit → to visit
03 singing → to sing   04 to not → not to
05 keep → to keep
06 to drink something → something to drink
07 to thinking → to think

집중 훈련 2

08 easy to use
09 is to become
10 ran to catch the train
11 a lot of work to do
12 To watch baseball games is
13 was happy to get
14 promised not to be late

집중 훈련 3

15 Lauren hopes to become a painter.
16 I was surprised to receive his email.
17 Her job is to take care of animals.
18 He turned on the TV to watch the news.
19 It is nice to swim in the lake.
20 I have something to tell you.
21 I was pleased to meet my old friends.

22 It is dangerous to play with scissors.
23 Mia was sad to hear about the accident.
24 We practiced hard in order to win the game.
25 He decided not to play computer games.

01 주어로 쓰인 to부정사(구)는 항상 단수 취급한다.
02 형용사 glad 뒤에 감정의 원인을 나타내는 부사적 용법의 to부정사를 쓴다.
03 동사 want는 to부정사를 목적어로 쓴다.
04 to부정사의 to 앞에 not을 붙여 부정의 의미를 나타낸다.
05 문장 맨 앞에 가주어 it이 있으므로 뒤쪽에는 진주어인 to부정사를 쓴다.
06 형용사적 용법의 to부정사는 (대)명사를 뒤에서 수식한다.
07 time을 뒤에서 수식하는 형용사적 용법의 to부정사를 쓴다.
08 문장 맨 앞에 가주어 it이 있으므로 easy 뒤에 진주어인 to부정사를 쓴다.
09 be동사 뒤에 보어 역할을 하는 명사적 용법의 to부정사를 쓴다.
10 '~하기 위해'라는 목적의 의미를 나타내는 부사적 용법의 to부정사를 쓴다.
11 a lot of work를 뒤에서 수식하는 형용사적 용법의 to부정사를 쓴다.
12 주어로 쓰인 to부정사(구)는 항상 단수 취급하므로 be동사는 is를 쓴다.
13 형용사 happy 뒤에 감정의 원인을 나타내는 부사적 용법의 to부정사를 쓴다.
14 동사 promise는 to부정사를 목적어로 쓰고, to 앞에 not을 붙여 부정의 의미를 나타낸다.
15 동사 hope는 to부정사를 목적어로 쓴다.
16 형용사 surprised 뒤에 감정의 원인을 나타내는 부사적 용법의 to부정사를 쓴다.
17 be동사 뒤에 보어 역할을 하는 명사적 용법의 to부정사를 쓴다.
18 '~하기 위해'라는 목적의 의미를 나타내는 부사적 용법의 to부정사를 쓴다.
19 가주어 it 을 문장의 맨 앞에 쓰고, nice 뒤에 진주어인 to부정사구를 쓴다.
20 something을 뒤에서 수식하는 형용사적 용법의 to부정사를 쓴다.
21 형용사 pleased 뒤에 감정의 원인을 나타내는 부사적 용법의 to부정사를 쓴다.
22 가주어 it을 문장의 맨 앞에 쓰고 dangerous 뒤에 진주어인 to부정사구를 쓴다.
23 형용사 sad 뒤에 감정의 원인을 나타내는 부사적 용법의 to부정사를 쓴다.

24 '~하기 위해'라는 목적의 의미를 강조할 때는 「in order to+동사원형」으로 쓸 수 있다.
25 동사 decide는 to부정사를 목적어로 쓰고, to 앞에 not을 붙여 부정의 의미를 나타낸다.

CHAPTER 7
서술형 실전 TEST
p. 94

1 Nate was very happy to get a job.
2 I promised not to drink soda.
3 (1) is to be(become) a photographer
　(2) to take pictures
4 It, easy to see
5 find → to find
6 (1) want to experience
　(2) many things to see
　(3) to get more information

1 형용사(happy) 뒤에 '~해서, ~하게 되어'라는 의미의 감정의 원인을 나타내는 부사적 용법의 to부정사를 쓴다.
2 동사 promise는 to부정사를 목적어로 쓰고, to 앞에 not을 붙여 부정의 의미를 나타낸다.
3 (1) be동사 뒤에 보어 역할을 하는 명사적 용법의 to부정사를 쓴다.
　(2) 동사 hope는 to부정사를 목적어로 쓴다.
4 주어 역할을 하는 to부정사구(to see a shooting star)를 문장의 뒤쪽으로 보내고, 주어 자리에는 가주어 it을 쓴다.
5 해석 어제는 아버지의 날이었다. 나는 아침 식사를 만들기 위해 일찍 일어났다. 나는 또한 아빠께 편지를 한 통 썼다. 아빠는 그 편지를 발견하시고 놀라셨다. 아빠의 미소를 보는 것은 멋진 일이었다!
　→ 형용사 surprised 뒤에는 감정의 원인을 나타내는 부사적 용법의 to부정사를 쓴다.
6 해석 여러분은 한국 문화를 경험하고 싶은가요? 그렇다면 경복궁으로 오세요. 그 궁궐에는 구경할 것들이 많이 있습니다. 여러분은 그곳에서 수문장 교대식을 볼 수 있습니다. 더 많은 정보를 얻기 위해 웹사이트를 방문하세요.
　→ (1) 동사 want는 to부정사를 목적어로 쓴다.
　(2) many things를 뒤에서 수식하는 형용사적 용법의 to부정사를 써서 '~할'의 의미를 나타낸다.
　(3) '~하기 위해'라는 목적의 의미를 나타내는 부사적 용법의 to부정사를 쓴다.

chapter 8 동명사

1 동명사의 쓰임
pp. 96~97

1
1 driving / driving fast
2 speaking / speaking English
3 sending / sending emails
4 walking / walking in the park
5 traveling / traveling around the world

2
1 Eating fast food　2 watching comedies
3 playing soccer

3
1 Going　2 singing　3 working　4 painting
5 Making　6 running　7 worrying

영작 기본 훈련
pp. 98~99

STEP 1

1 ⓑ Baking cookies　ⓒ baking cookies
2 ⓑ Learning science　ⓒ learning science
3 ⓑ Swimming, is　ⓒ swimming
4 ⓑ Eating vegetables　ⓒ eating vegetables
5 ⓑ Jogging　ⓒ jogging
6 ⓑ Collecting postcards　ⓒ collecting postcards

STEP 2

1 Having a pet is　　2 avoids surfing
3 teaching art　　4 biting his nails
5 Exercising regularly is

STEP 3

1 Andy practiced playing the flute
2 finished preparing for the trip
3 Wearing a seat belt is important
4 favorite hobby is climbing mountains
5 She kept talking about her weekend plans.

2 전치사 뒤에 오는 동명사
p. 100

1
1 writing books　2 planning the trip
3 speaking English　4 repeating the mistake

2
1 inviting　2 fixing　3 being　4 learning

3 동명사 관용 표현
p. 101

1
1 seeing / be worth buying
2 studying / be busy cooking
3 running / keep (on) waiting

2
1 like talking　2 about singing
3 dreams of making　4 spent, finishing

영작 기본 훈련
pp. 102~103

STEP 1

1 making robots
2 spent, jogging
3 How (What), watching
4 getting a dog
5 worth reading　　6 speaking French
7 of becoming　　8 waiting for

STEP 2

1 being the winner
2 are busy cleaning
3 being late
4 like taking a break
5 spent a (one) year writing

STEP 3

1 is afraid of trying new foods
2 goes camping every weekend
3 We kept practicing for the contest.
4 What about taking a music class?
5 Thank you for understanding my situation.

서술형 집중 훈련
pp. 104~105

집중 훈련 1

01 to play → playing　　02 are → is
03 watch → watching　　04 to write → writing
05 go to shopping → go shopping
06 to study → studying　　07 to drive → driving

08 is forgetting important things
09 finished reading the novel
10 Writing thank-you cards is
11 sorry for breaking your cup
12 was busy studying math
13 We dream of traveling
14 felt like dancing to the music

집중 훈련 **3**

15 The museum is worth visiting.
16 Worrying too much is not(isn't) helpful.
17 The movie is about finding an old friend.
18 Julie did not(didn't) feel like seeing me.
19 What about eating pizza for dinner?
20 She is good at growing plants.
21 I was busy doing my homework.

집중 훈련 **4**

22 The cat is afraid of climbing tall trees.
23 Traveling to new places is wonderful.
24 She spent her evening practicing yoga.
25 We kept laughing at his jokes.

01 동사 enjoy는 동명사를 목적어로 쓴다.
02 주어로 쓰인 동명사(구)는 항상 단수 취급한다.
03 '~하고 싶다'는 「feel like -ing」로 쓴다.
04 '~하는 게 어때?'는 「How(What) about -ing?」로 쓴다.
05 '~하러 가다'는 「go -ing」로 쓴다.
06 '~하는 데 시간을 보내다'는 「spend+시간+-ing」로 쓴다.
07 동사 avoid는 동명사를 목적어로 쓴다.
08 be동사 뒤에 보어 역할을 하는 동명사를 쓴다.
09 동사 finish는 동명사를 목적어로 쓴다.
10 주어로 쓰인 동명사(구)는 항상 단수 취급하므로, be동사는 is를 쓴다.
11 전치사(for) 뒤에는 동명사를 쓴다.
12 '~하느라 바쁘다'는 「be busy -ing」로 쓴다.
13 '~하는 것을 꿈꾸다'는 「dream of -ing」로 쓴다.
14 '~하고 싶다'는 「feel like -ing」로 쓴다.
15 '~할 가치가 있다'는 「be worth -ing」로 쓴다.
16 주어로 쓰인 동명사(구)는 항상 단수 취급한다.
17 전치사(about) 뒤에는 동명사를 쓴다.
18 '~하고 싶다'는 「feel like -ing」로 쓴다. 과거시제 부정문은 일

반동사 앞에 did not(didn't)를 쓴다.
19 '~하는 게 어때?'는 「What(How) about -ing?」로 쓴다.
20 전치사(at) 뒤에는 동명사를 쓴다.
21 '~하느라 바쁘다'는 「be busy -ing」로 쓴다.
22 전치사(of) 뒤에는 동명사를 쓴다.
23 동명사구를 주어로 쓴다. 주어로 쓰인 동명사(구)는 항상 단수 취급하므로 be동사는 is를 쓴다.
24 '~하는 데 시간을 보내다'는 「spend+시간+-ing」로 쓴다.
25 동사 keep은 동명사를 목적어로 쓴다.

CHAPTER 8 서술형 실전 TEST

p. 106

1 (1) finished eating (2) were busy preparing
2 meet → meeting
3 (1) What about going (2) feel like staying
4 (1) Swimming (2) knocking (3) riding
5 ⑤ to do → doing
6 (1) is good at cooking
   (2) is interested in making (3) avoids using

1 (1) 동사 finish는 동명사를 목적어로 쓴다.
   (2) ~하느라 바쁘다: be busy -ing
2 전치사(of) 뒤에는 동명사(meeting)를 쓴다.
3 (1) ~하는 게 어때?: What(How) about -ing?
   (2) ~하고 싶다: feel like -ing
4 (1) 주어 역할을 하는 동명사 (2) 목적어 역할을 하는 동명사
   (3) 보어 역할을 하는 동명사
5 해석 A 너는 미래에 무엇이 되고 싶니?
   B 작가가 되는 것이 나의 꿈이야.
   A 와. 그거 멋지네!
   B 나는 매일 책을 읽는 데 두 시간을 보내.
   A 아, 그건 할 만한 가치가 있는 것 같아.
   → ⑤ '~할 가치가 있다'라는 의미의 be worth 뒤에는 동명사를 쓴다.
6 해석 나의 이모는 요리사이다. 그녀는 이탈리아 음식을 요리하는 데 능숙하다. 그녀는 건강식 만들기에 관심이 있다. 그래서 그녀는 소금과 설탕을 너무 많이 사용하는 것을 피한다. 나는 그녀의 음식을 먹는 것을 즐긴다.
   → (1), (2) 전치사 뒤에는 동명사를 쓴다. (3) 동사 avoid는 동명사를 목적어로 쓴다.

chapter ❾ 명사

① 셀 수 있는 명사
p. 108

1 **1** boys **2** foxes **3** dishes **4** babies
5 sheep **6** teeth **7** wolves **8** men
2 **1** roofs **2** oranges **3** potatoes **4** fish

② 셀 수 없는 명사
p. 109

1 **1** a piece(slice) of **2** a spoonful of
3 a bowl of **4** a bottle of
5 two cups of **6** three glasses of
7 two loaves of **8** four pieces(slices) of
2 **1** two bowls of cereal **2** a bottle of water
3 a piece(sheet) of paper

영작 기본 훈련
pp. 110~111

STEP 1

1 two pianos **2** Three geese
3 two sandwiches **4** Ten deer
5 a loaf of bread **6** three glasses of juice
7 two bowls of soup
8 four pieces(slices) of pizza

STEP 2

1 three cities **2** seven boxes
3 two knives **4** eight oxen
5 five loaves of bread

STEP 3

1 mix a cup of milk with an egg
2 ate three pieces of chocolate this morning
3 We have six classes
4 We can't buy happiness with money.
5 Health is very important to us.

③ There+be동사
p. 112

1 **1** There are **2** There is **3** There are
4 There is **5** There are
2 **1** are, children **2** was, bird **3** are, months
4 were, butterflies **5** is, information
6 was snow

④ 수량 형용사와 함께 쓰는 명사
p. 113

1 **1** many **2** a little **3** few **4** a lot of
5 much **6** little **7** some **8** a few
2 **1** some **2** A lot of **3** much **4** Few

영작 기본 훈련
pp. 114~115

STEP 1

1 ⓐ is ⓑ A few
2 ⓐ was ⓑ some
3 ⓐ is ⓑ a little
4 ⓐ are few ⓑ little
5 ⓐ is a lot of ⓑ many
6 ⓐ were many ⓑ Lots of
7 ⓐ was little ⓑ much
8 ⓐ are few ⓑ Some

STEP 2

1 some questions **2** a few hobbies
3 are lots of benches **4** was a little sugar
5 are few customers

STEP 3

1 I have a lot of photos
2 Some horses are eating carrots.
3 Is there a smartphone on the desk?
4 There are many stars in the night sky.
5 She spends little time with her family.

집중 훈련 1

01 Leafes → Leaves   **02** is → are

03 tomatos → tomatoes

04 sheet of papers → sheets of paper

05 mouses → mice   **06** salts → salt

07 sandwichs → sandwiches

집중 훈련 2

08 are two babies in the bed

09 are a few dishes on the shelf

10 has a lot of love

11 Some children made a snowman

12 Two men brought thirty bottles of water

13 do not(don't) have much time

14 I put three spoonfuls of oil

집중 훈련 3

15 I saw three deer in the field.

16 The boy ate two pieces of cake.

17 I bought some(a little) cheese and a loaf of bread.

18 There are some(a few) fish in the pond.

19 Ben saved a lot of(lots of / much) money.

20 I need some butter.

21 We can see many(a lot of / lots of) animals there.

집중 훈련 4

22 Daniel ordered three slices of pizza.

23 My sister has a lot of skirts.

24 There were a few eggs in the fridge.

25 I didn't drink much water after jogging.

01 -f로 끝나는 명사의 복수형은 f를 v로 바꾸고 -es를 붙여 쓴다.

02 be동사 뒤에 오는 명사(rabbits)가 복수이므로 be동사는 are를 쓴다.

03 -o로 끝나는 명사의 복수형은 -es를 붙여 쓴다.

04 셀 수 없는 명사(paper)의 수량을 나타내는 단위(sheet)를 복수형으로 쓴다.

05 mouse의 복수형은 mice이다.

06 셀 수 없는 명사(salt)는 항상 단수형으로 쓴다.

07 -ch로 끝나는 명사의 복수형은 -es를 붙여 쓴다.

08 「자음+y」로 끝나는 명사의 복수형은 y를 i로 바꾸고 -es를 붙여 쓴다. babies 가 복수이므로 be동사는 are를 쓴다.

09 a few는 '조금의, 약간의'라는 의미로 복수명사 앞에 쓸 수 있다. -sh로 끝나는 명사의 복수형은 -es를 붙여 쓴다.

10 a lot of는 '많은'이라는 의미로 복수명사와 셀 수 없는 명사 앞에 모두 쓸 수 있다. love는 셀 수 없는 명사이므로 복수형으로 쓰지 않는다.

11 some은 '약간의, 조금의'라는 의미로 복수명사와 셀 수 없는 명사 앞에 모두 쓸 수 있다. child의 복수형은 children이다.

12 man의 복수형은 men이다. 셀 수 없는 명사(water)의 수량을 나타내는 단위(bottle)를 복수형으로 쓴다.

13 much는 '많은'이라는 의미로 셀 수 없는 명사 앞에 쓴다. time은 셀 수 없는 명사이므로 복수형으로 쓰지 않는다.

14 셀 수 없는 명사(oil)의 수량을 나타내는 단위(spoonful)를 복수형으로 쓴다.

15 deer는 단수형과 복수형의 형태가 같다.

16 셀 수 없는 명사(cake)의 수량을 나타내는 단위(piece)를 복수형으로 쓴다.

17 셀 수 없는 명사(cheese) 앞에 '약간의, 조금의'라는 의미를 나타내는 some 또는 a little을 쓴다. '한 덩어리'는 a loaf of를 쓴다.

18 셀 수 있는 명사(fish)의 복수형 앞에 '약간의, 조금의'라는 의미를 나타내는 some 또는 a few를 쓴다. fish는 단수형과 복수형의 형태가 같고, 여기서 fish는 복수이므로 be동사는 are를 쓴다.

19 셀 수 없는 명사(money) 앞에는 '많은'이라는 의미를 나타내는 a lot of, lots of, much를 모두 쓸 수 있다. 단, much는 부정문과 의문문에 주로 쓴다.

20 셀 수 없는 명사(butter) 앞에 '약간의, 조금의'라는 의미를 나타내는 some을 쓴다.

21 셀 수 있는 명사(animal)의 복수형 앞에는 '많은'이라는 의미를 나타내는 many, a lot of, lots of를 모두 쓸 수 있다.

22 셀 수 없는 명사(pizza)의 수량을 나타내는 단위(slice)를 복수형으로 쓴다.

23 셀 수 있는 명사(skirt)의 복수형 앞에는 '많은'이라는 의미를 나타내는 many, a lot of, lots of를 모두 쓸 수 있다. 단어 수 조건에 맞게 a lot of를 쓴다.

24 셀 수 있는 명사(egg)의 복수형 앞에 '약간의, 조금 있는'이라는 의미를 나타내는 a few를 쓴다. eggs가 복수이고 과거시제 이므로, be동사는 were를 쓴다.

25 셀 수 없는 명사(water) 앞에 '많은'이라는 의미를 나타내는 much를 쓴다.

서술형 실전 TEST

p. 118

1 (1) a bowl of soup (2) a lot of snow
2 (1) two pieces(slices) of, a(one) cup of
(2) many sheep
3 ④ cookie → cookies
4 There was little hope for them.
5 There are two benches under the tree.
6 (1) two eggs (2) two tomatoes
(3) four slices of cheese
(4) a loaf of(some) bread

1 (1) 셀 수 없는 명사인 soup를 담는 용기인 bowl을 써서 나타낸다.
(2) 셀 수 없는 명사인 snow 앞에 '많은'이라는 의미를 나타내는 a lot of를 쓴다.
2 (1) pie의 수량을 나타내는 단위인 piece(slice)를 복수형으로 쓰고, coffee를 담는 용기인 cup을 써서 나타낸다.
(2) sheep은 단수형과 복수형의 형태가 같다.
3 해석 A 무언가 먹을 것을 사자.
B 좋아. 나는 주스 한 잔과 샌드위치 하나를 할래.
A 나는 약간의 쿠키와 우유를 원해.
→ ④ '약간의, 조금의'라는 의미의 some은 셀 수 있는 명사의 복수형 또는 셀 수 없는 명사 앞에 쓰므로, 셀 수 있는 명사인 cookie는 복수형으로 써야 한다.
4 hope는 추상적인 개념을 나타내는 셀 수 없는 명사이고 '거의 없는'이라는 의미를 나타내야 하므로 little을 쓴다. hope가 단수이고, 과거시제 문장이므로 be동사는 was를 쓴다.
5 bench의 복수형은 -es를 붙여 benches로 쓴다. be동사 뒤에 오는 명사(benches)가 복수이므로 is는 are로 바꿔 쓴다.
6 (1), (2) 셀 수 있는 명사의 복수형은 -(e)s를 붙여 쓴다.
(3) 셀 수 없는 명사인 cheese를 세는 단위인 slice를 복수형으로 쓴다.
(4) '한 덩어리'를 나타내는 a loaf of를 쓰거나 '약간의, 조금의'라는 의미를 나타내는 some을 쓴다.

chapter ⑩ 비교

① 비교급의 형태

p. 120

1 **1** stronger **2** happier **3** better
4 more difficult **5** more popular
6 more quickly **7** shorter **8** nicer **9** less
10 more interesting **11** fatter **12** healthier
2 **1** taller **2** better **3** bigger
4 more expensive **5** easier

② 비교급+than

p. 121

1 **1** harder than **2** lower than **3** hotter than
4 worse than **5** earlier than
6 more delicious than **7** more difficult than

영작 기본 훈련

pp. 122~123

STEP 1

1 heavier than
2 larger than
3 easier than
4 wiser than
5 more useful than
6 more comfortable than
7 faster than
8 more carefully than

STEP 2

1 bigger than
2 busier than
3 brighter than
4 more expensive than
5 more popular than

STEP 3

1 more important than money
2 is cheaper than that one
3 was more exciting than listening to the album
4 will come sooner than the train
5 my team was luckier than your team

1   **1** richer, richest   **2** better, best
3 funnier, funniest
4 more colorful, most colorful
5 greater, greatest   **6** nearer, nearest
7 wiser, wisest   **8** thinner, thinnest
9 more slowly, most slowly
10 more famous, most famous

2   **1** widest   **2** highest   **3** biggest   **4** hottest
5 worst

4 the+최상급   p. 125

1   **1** the happiest   **2** the oldest   **3** the smartest
4 the most popular   **5** the earliest
6 (the) best   **7** the most delicious

영작 기본 훈련   pp. 126~127

STEP 1

1 ⓑ younger than   ⓒ the youngest
2 ⓑ thicker than   ⓒ the thickest
3 ⓑ better than   ⓒ the best
4 ⓑ easier than   ⓒ the easiest
5 ⓑ deeper than   ⓒ the deepest
6 ⓑ more slowly than   ⓒ the most slowly

STEP 2

1 the shortest month   **2** the most valuable
3 the most colorful   **4** the worst nightmare
5 the biggest size

STEP 3

1 the most helpful to me
2 the saddest one in the movie
3 the nicest jacket in my closet
4 the smallest country in the world
5 the most important of all things

집중 훈련 1

01 cleaner → cleaner than
02 heavyer → heavier
03 well → better   **04** thiner → thinner
05 smallest → the smallest
06 more → most   **07** better → best

집중 훈련 2

08 busier than the cafe
09 is more exciting than the movie
10 more quickly than us
11 eats less than me
12 is the most popular
13 is the safest in this city
14 She is the most famous chef

집중 훈련 3

15 Yesterday was colder than today.
16 The library is closer than the bank.
17 I like this singer (the) most.
18 Today is the warmest day of the year.
19 He is the bravest firefighter in this town.
20 I feel better than yesterday.
21 It is the longest bridge in the world.

집중 훈련 4

22 This backpack is stronger than that one.
23 My grades were worse than his.
24 The museum is the most beautiful building in Paris.
25 Dave is the funniest of my friends.

01 '~보다 더 …한'이라는 의미는 「비교급+than」을 써서 나타낸다.
02 「자음+y」로 끝나는 형용사의 비교급은 y를 i로 바꾸고 -er을 붙여 만든다.
03 '더 잘'이라는 비교의 의미이므로 well의 비교급인 better를 쓴다.
04 「단모음+단자음」으로 끝나는 형용사의 비교급은 마지막 자음을 한 번 더 쓰고 -er을 붙여 만든다.
05 형용사의 최상급 앞에는 the를 붙인다.

06 2음절 이상의 형용사의 최상급은 앞에 most를 붙여 만든다.

07 '가장 좋은'을 의미하는 good의 최상급은 best이다.

08 「비교급＋than」을 써서 비교급 문장을 만든다. busy의 비교급은 y를 i로 바꾸고 -er을 붙여 busier로 쓴다.

09 exciting의 비교급은 앞에 more를 붙여 쓴다.

10 부사의 비교급은 대부분 부사 앞에 more를 붙인다.

11 부사 little의 비교급인 less를 쓴다.

12 「the＋최상급」을 써서 최상급 문장을 만든다. popular의 최상급은 앞에 most를 붙여 쓴다.

13 safe의 최상급은 -st를 붙여 safest로 쓴다. 또한 최상급 뒤에 「in＋장소/범위의 단수명사」를 써서 비교 범위를 나타낸다.

14 famous의 최상급은 앞에 most를 붙여 쓴다.

15 「비교급＋than」을 써서 비교급 문장을 만든다. cold의 비교급은 -er을 붙여 colder로 쓴다.

16 close의 비교급은 -r을 붙여 closer로 쓴다.

17 부사 much의 최상급은 most를 쓴다. 부사의 최상급 앞에 오는 the는 생략할 수 있다.

18 「the＋최상급」을 써서 최상급 문장을 만든다. warm의 최상급은 -est를 붙여 warmest로 쓴다.

19 brave의 최상급은 -st를 붙여 bravest로 쓴다. 또한 최상급 뒤에 「in＋장소/범위의 단수명사」를 써서 비교 범위를 나타낸다.

20 good의 비교급은 better 이다.

21 long의 최상급은 -est를 붙여 longest로 쓴다. 또한 최상급 뒤에 「in＋장소/범위의 단수명사」를 써서 비교 범위를 나타낸다.

22 strong의 비교급은 -er을 붙여 stronger로 쓴다. than 뒤에는 that backpack을 대신하는 that one을 쓴다.

23 bad의 비교급은 worse이다. than 뒤에는 his grades(그의 성적)를 의미하는 소유대명사 his(그의 것)를 쓴다.

24 beautiful의 최상급은 앞에 most를 붙여 쓴다. 최상급 뒤에 in Paris를 써서 비교 범위를 나타낸다.

25 funny의 최상급은 y를 i로 바꾸고 -est를 붙여 funniest로 쓴다. 최상급 뒤에 of my friends를 써서 비교 대상을 나타낸다.

1 (1) colder than (2) the most difficult

2 (1) Water is heavier than oil.

(2) He is the smartest boy in his class.

3 This smartphone is more expensive than the laptop.

4 (1) bigger than (2) cheaper than

5 early than → earlier than

6 (1) taller than (2) the shortest (3) the heaviest

---

1 (1) 「비교급＋than」을 써서 비교급 문장을 만든다. cold의 비교급은 -er을 붙여 colder로 쓴다.

(2) 「the＋최상급」을 써서 최상급 문장을 만든다. difficult의 최상급은 앞에 most를 붙여 쓴다.

2 (1) 「비교급＋than」을 써서 비교급 문장을 만든다. heavy의 비교급은 y를 i로 바꾸고 -er을 붙여 heavier로 쓴다.

(2) 「the＋최상급」을 써서 최상급 문장을 만든다. his class 앞에 전치사 in을 써서 비교 범위를 나타낸다.

3 expensive의 비교급은 앞에 more를 붙여 쓴다. 비교급 뒤에 than을 써서 비교급 문장을 만든다.

4 (1) TB1이 TB2보다 더 크므로 bigger than을 쓴다.

(2) TB2가 TB1보다 더 싸므로 cheaper than을 쓴다.

5 해석　나의 할아버지는 우리 가족 중에서 가장 연세가 많은 분이시다. 할아버지는 매일 일찍 일어나신다. 하지만 때때로 아빠가 할아버지보다 더 일찍 일어나신다.

→ 마지막 문장의 early 뒤에 than이 있으므로 비교급을 써야 한다. early의 비교급은 y를 -i로 바꾸고 -er를 붙여 earlier로 쓴다.

6 (1) Harry는 Chris보다 더 키가 크다.

(2) Amy는 셋 중에서 가장 키가 작다.

(3) Chris는 셋 중에서 가장 무겁다.

chapter ⓫ 전치사와 접속사

① 시간을 나타내는 전치사　　p. 132

1. 1 at　2 in　3 in　4 on　5 on　6 in　7 after
8 before
2. 1 at　2 in　3 on　4 before　5 on

② 장소·위치를 나타내는 전치사　　p. 133

1. 1 on　2 in　3 next to　4 behind　5 under
6 in　7 at　8 in front of　9 on
10 between, and
2. 1 in front of　2 next to　3 behind　4 on
5 under

영작 기본 훈련　　pp. 134~135

STEP 1

1 on	2 at
3 in	4 on
5 under	6 after
7 in front of	8 between, and

STEP 2

1 under the bridge	2 at night
3 in the afternoon	4 on weekends
5 next to the window	

STEP 3

1 is rolling on the grass
2 waited for me at the bus stop
3 is going to arrive at noon
4 sleeps between the sofa and the wall
5 The store closes at 8 o'clock in the evening.

③ 등위접속사, 접속사 that　　p. 136

1. 1 and　2 but　3 or　4 and　5 or　6 but
2. 1 but　2 that　3 so　4 that

④ 부사절을 이끄는 접속사　　p. 137

1. 1 when　2 after　3 because　4 if　5 before
2. 1 If　2 before　3 after　4 because　5 When

영작 기본 훈련　　pp. 138~139

STEP 1

1 Because Cindy was sick
2 smart but lazy
3 (that) he's busy
4 When I heard the news
5 After he took a shower
6 or read books
7 If they leave early
8 so we went to the beach

STEP 2

1 a pianist or	2 but too salty
3 When I exercise	4 so I cried a lot
5 before we started the game	

STEP 3

1 that I don't have time to study
2 and I went shopping after school
3 call you after I finish my homework
4 If you turn left, you can find the bakery. / You can find the bakery if you turn left.
5 I put on my coat because it was very cold. / Because it was very cold, I put on my coat.

서술형 집중 훈련

집중 훈련 1

01 at → in
02 in → on
03 on → in
04 in front → in front of
05 and → or
06 Before → After
07 in → on

집중 훈련 2

08 next to the shopping mall
09 plans in the evening
10 are standing behind the curtain
11 started at three o'clock
12 if you need help
13 so she did not(didn't) know about the homework
14 Before you leave the room

집중 훈련 3

15 This is a secret between you and me.
16 There is a calendar on the wall.
17 You can see bright stars at night.
18 Americans eat turkey on Thanksgiving.
19 Because she missed the bus, she was late for school. / She was late for school because she missed the bus.
20 I met Jane at the bus stop yesterday.
21 Did you know (that) Joe won first prize?

집중 훈련 4

22 She has an art class on Mondays.
23 When I was in China, I visited the Great Wall.
24 I didn't know that my phone was under the desk.
25 I bought this T-shirt at the concert.

01 계절 앞에는 전치사 in을 쓴다.
02 요일 앞에는 전치사 on을 쓴다.
03 연도 앞에는 전치사 in을 쓴다.
04 '~ 앞에'를 의미하는 전치사는 in front of이다.
05 '또는, 혹은'을 의미하는 접속사는 or이다.
06 '~하고 나서, ~한 후에'를 의미하는 접속사는 after이다.

07 월 앞에는 전치사 in을 쓰지만, 월과 일이 함께 쓰인 날짜 앞에는 전치사 on을 쓴다.
08 '~ 옆에'를 의미하는 전치사 next to를 쓴다.
09 아침/오후/저녁 앞에는 전치사 in을 쓴다.
10 '~ 뒤에'를 의미하는 전치사 behind를 쓴다.
11 특정 시각 앞에는 전치사 at을 쓴다.
12 '만약 ~하면'을 의미하는 접속사 if를 쓴다.
13 원인과 결과를 연결할 때는 '그래서'를 의미하는 접속사 so를 쓴다.
14 '~하기 전에'를 의미하는 접속사 before를 쓴다.
15 'A와 B 사이에'를 의미하는 전치사 between A and B를 쓴다.
16 표면에 접촉한 상태의 위치를 나타낼 때는 전치사 on을 쓴다. '~이 있다'는 「There+be동사」를 쓴다.
17 night 앞에는 전치사 at을 쓴다.
18 특정한 날 앞에는 전치사 on을 쓴다.
19 '~하기 때문에'를 의미하는 접속사 because를 쓴다. 부사절이 문장의 앞에 올 때 부사절 끝에는 콤마(,)를 쓴다.
20 특정한 지점 앞에는 전치사 at을 쓴다.
21 동사 know의 목적어로 접속사 that이 이끄는 명사절을 쓴다. that절이 목적어로 쓰일 때 that은 생략할 수 있다.
22 요일 앞에는 전치사 on을 쓴다.
23 접속사 when으로 문장을 시작하고, 부사절 끝에는 콤마(,)를 쓴다. 국가 앞에는 전치사 in을 쓴다.
24 동사 know의 목적어로 접속사 that이 이끄는 명사절을 쓴다. '~ 아래에, ~ 밑에'를 의미하는 전치사 under를 쓴다.
25 행사나 모임 앞에는 전치사 at을 쓴다.

1 in → on

2 (1) next to　(2) in front of　(3) between

3 because she has a headache

4 We know that the Earth is round.

5 gets up at seven o'clock in the morning

6 (1) because I got some flowers

　(2) so I can't see well

　(3) but I didn't go to the movies

1 특정한 날 앞에는 전치사 on을 쓴다.

2 (1) 우체국은 은행 옆에(next to) 있다.

　(2) 버스 정류장은 은행 앞에(in front of) 있다.

　(3) 은행은 우체국과 병원 사이에(between A and B) 있다.

3 해석　A 무슨 일이야, Susan? 너 아파 보여.

　B 두통이 있어. 수업에 집중할 수가 없어.

　A 집에 가서 휴식을 좀 취해.

　→ 두통이 있는 것이 수업에 집중할 수 없는 이유이므로 접속사 because를 사용해서 요약문을 완성한다.

4 명사절을 이끄는 접속사 that을 쓴다. 단어 수 조건에 맞게 that을 생략하지 않는다.

5 시간 앞에는 전치사 at을, 아침(the morning) 앞에는 전치사 in을 쓴다.

6 (1) 꽃을 받은 것이 행복한 이유를 나타내므로 접속사 because로 연결하여 쓴다.

　(2) 안경을 쓰지 않은 것이 원인, 잘 볼 수 없는 것이 결과이므로 접속사 so로 연결하여 쓴다.

　(3) 영화표를 산 것과 영화를 보러 가지 않은 것이 대조되는 내용이므로 접속사 but으로 연결하여 쓴다.

chapter ⑫ 문장의 종류

① 의문사가 있는 의문문　p. 144

1 1 Who　2 Where　3 How　4 Why　5 When

2 1 How　2 Where　3 What　4 Why

② 의문사가 있는 의문문의 형태　p. 145

1 1 Where is　2 Who has　3 What did
　4 When will　5 How did

2 1 Who(Whom) did, meet　2 Why does, study
　3 What will, buy　4 How can, get

영작 기본 훈련　pp. 146~147

STEP ①

1 ⓠ What is, writing　ⓐ a letter

2 ⓠ Who made　ⓐ My sister

3 ⓠ How was　ⓐ sad

4 ⓠ Where is　ⓐ next to the park

5 ⓠ When does, start　ⓐ this Friday

6 ⓠ Who(Whom) do, respect　ⓐ my teacher

7 ⓠ When will, go　ⓐ at three

8 ⓠ Where did, buy　ⓐ at the market

STEP ②

1 What did he make in art class?

2 Why did you change your mind?

3 When can I find out the results?

4 Where should I put my coat?

5 Who drew this picture?

STEP ③

1 When should I return

2 What can we do

3 Where did you go

4 Why are you waiting

5 What does she like to do

1   **1** Which   **2** What   **3** Whose   **4** What

2   **1** What day   **2** Whose turn   **3** Whose phone
    4 Which flavor

1   **1** old   **2** tall   **3** often   **4** long

2   **1** How much   **2** How far   **3** How tall
    4 How many

영작 기본 훈련　pp. 150~151

STEP 1

1 Which country   **2** Whose car

3 How tall   **4** How many

5 How far   **6** How long

7 How often

STEP 2

1 Whose dog is barking

2 How far is

3 How long did you run

4 How often do you wash

5 How many students are

STEP 3

1 Which city do you want to visit

2 What genres of music do you listen to?

3 How much money does he need?

4 How long does it take to get to the movie theater?

5 How far is the hotel from the train station?

1   **1** Open, Don't open
    2 Let's take, Let's not take
    3 Call, Don't call
    4 Let's leave, Let's not leave

2   **1** Let's try   **2** Don't skip
    3 Let's not watch   **4** Don't enter

1   **1** What, How   **2** How, What   **3** How, What
    4 What, How

2   **1** How, story   **2** What, day   **3** How, cake
    4 What, performance

영작 기본 훈련　pp. 154~155

STEP 1

1 Follow   **2** Don't take

3 Let's go   **4** Let's not go

5 How soft   **6** What a peaceful

7 How beautiful   **8** What colorful houses

STEP 2

1 What a great movie   **2** Don't run

3 How comfortable   **4** Let's go to the museum

5 How interesting

STEP 3

1 How funny he is!

2 Let's not waste our time.

3 How long her hair is!

4 What a sunny day it is!

5 Don't use your phone in class.

집중 훈련 **1**

01 old → long　02 Who → Whose
03 How → Why　04 much → many
05 don't → not　06 Not → Don't(Do not)
07 How → What

집중 훈련 **2**

08 Why was he late　09 When did you meet
10 Be friendly　11 Which bag is yours
12 Don't(Do not) be afraid
13 What a smart student
14 Where will you go

집중 훈련 **3**

15 Whose notebook is this?
16 How old is your youngest brother?
17 Let's buy some milk.
18 How lovely your sister is!
19 Who took my umbrella yesterday?
20 Who(Whom) are you looking for?
21 How much are these glasses?

집중 훈련 **4**

22 When did you hear the truth?
23 How far is your house?
24 Let's not make a decision now.
25 What an unforgettable experience it was!

01 '얼마나 오래'라는 기간을 물을 때는 how long을 쓴다. how old는 나이를 묻는 표현이다.

02 '누구의 ~'를 의미하는 「whose+명사」를 쓴다.

03 이유를 물을 때는 의문사 why를 쓴다.

04 셀 수 있는 명사의 개수를 물을 때는 「How many+복수명사 ~?」 형태로 쓴다.

05 '~하지 말자'라는 의미의 부정 청유문은 「Let's not+동사원형 ~.」 형태로 쓴다.

06 '~하지 마라'라는 의미의 부정 명령문은 「Don't(Do not)+동사원형 ~.」 형태로 쓴다.

07 형용사(big) 뒤에 명사(hamburger)가 있으므로 「What+a+형용사+명사+주어+동사!」 형태의 감탄문으로 쓴다.

08 '왜'를 의미하는 의문사 why를 써서 「Why+be동사+주어 ~?」 형태로 의문문을 만든다.

09 '언제'를 의미하는 의문사 when 을 써서 「When+did+주어+동사원형 ~?」 형태로 의문문을 만든다.

10 '~해라'라는 의미의 명령문은 동사원형으로 문장을 시작한다. friendly는 형용사이므로 동사는 be동사의 원형인 be를 쓴다.

11 정해진 범위 안에서 선택 사항을 물을 때는 「which+명사」를 쓴다.

12 '~하지 마라'라는 의미의 부정 명령문은 「Don't(Do not)+동사원형 ~.」 형태로 쓴다. afraid는 형용사이므로 Don't 뒤에 동사원형인 be를 쓴다.

13 명사를 강조하는 감탄문을 써야하므로 「What+a+형용사+명사+주어+동사!」 형태로 쓴다.

14 '어디로'를 의미하는 의문사 where를 써서 「Where+조동사+주어+동사원형 ~?」 형태로 의문문을 만든다.

15 '누구의 ~'를 의미하는 「whose+명사」를 쓴다.

16 나이를 물을 때는 how old를 쓴다.

17 '~하자'라는 의미의 청유문은 「Let's+동사원형 ~.」 형태로 쓴다.

18 주어진 how를 써서 「How+형용사+주어+동사!」 형태의 감탄문으로 쓴다.

19 '누가'를 의미하는 의문사 who가 주어이므로 「의문사+동사 ~?」 형태로 쓴다.

20 '누구를'을 의미하는 의문사 who(whom)을 쓴다.

21 가격을 물을 때는 how much를 쓴다.

22 '언제'를 의미하는 의문사 when을 써서 「When+did+주어+동사원형 ~?」 형태로 의문문을 만든다.

23 '얼마나 멀리'를 의미하는 how far를 쓴다.

24 '~하지 말자'라는 의미의 부정 청유문은 「Let's not+동사원형 ~.」 형태로 쓴다.

25 형용사(unforgettable) 뒤에 명사(experience)가 있으므로 「What+a+형용사+명사+주어+동사!」 형태의 감탄문으로 쓴다. 과거시제이므로 동사는 was를 쓴다.

1 (1) How brave the firefighter is!
　(2) What a brave firefighter!
2 Let's not eat out tonight.
3 (1) How many cups (2) How often
4 (1) Why did you (2) How did she (3) How tall is
5 (1) How → What (2) Doesn't → Don't〔Do not〕
6 (1) He will go to the movies.
　(2) They will meet at noon.

1 (1) how로 시작하는 감탄문: How+형용사(+주어+동사)!
　(2) what으로 시작하는 감탄문: What+a+형용사+명사(+주어+동사)!
2 '~하지 말자'라는 의미의 부정 청유문은 「Let's not+동사원형 ~.」 형태로 쓴다. (eat out: 외식하다)
3 (1) three cups라고 답했으므로 개수를 묻는 질문은 'How many cups ~?'로 쓴다.
　(2) once a week로 답했으므로 빈도를 나타내는 질문은 'How often ~?'으로 쓴다.
4 (1) 이유를 묻는 의문사 why를 써서 「Why+did+주어+동사원형 ~?」 형태로 쓴다.
　(2) 방법을 묻는 의문사 how를 써서 「How+did+주어+동사원형 ~?」 형태로 쓴다.
　(3) 키나 높이를 물을 때는 how tall을 쓴다.
5 해석 A 봐! 정말 아름다운 꽃이구나! 너는 그걸 원하니?
B 아니! 그 꽃을 꺾지 마.
→ (1) 형용사(beautiful) 뒤에 명사(flower)가 있으므로 How가 아니라 What을 써야 한다.
(2) 부정 명령문은 「Don't〔Do not〕+동사원형 ~.」 형태로 쓴다.
6 해석 Tony 너는 내일 무엇을 할 예정이니?
Kevin 난 아직 아무런 계획이 없어.
Tony 영화 보러 가는 건 어때?
Kevin 좋아. 정오에 만나자.
Tony 그래.
→ (1) Kevin은 내일 무엇을 할 것인가? – 그는 영화를 보러 갈 것이다.
(2) Tony와 Kevin은 내일 언제 만날 것인가? – 그들은 정오에 만날 것이다.

MEMO

중학 문법+쓰기

클리어.

Level **1**

Answers

영역	브랜드	초1~2	초3~4	초5~6	중1	중2	중3	고1	고2	고3
독해	[중등] 기본서 READING CLEAR				READING CLEAR 1	READING CLEAR 2	READING CLEAR 3			
	[중등] 수능 대비서 수작 중학 비문학 영어 독해				수능시작	수능시작	수능시작			
	[고등] 기본서 Supreme 구문독해 / 유형독해							Supreme 구문독해 / Supreme 유형독해		
	[중·고등] 문장독해 공식으로 통하는 문장독해 기본 완성							공통문 기본 / 공통문 완성		
듣기	[중등] 듣기모의고사 LISTENING CLEAR 중학영어 듣기모의고사				LISTENING CLEAR 1	LISTENING CLEAR 2	LISTENING CLEAR 3			
	[고등] 듣기모의고사 Supreme 수능 영어 듣기 모의고사 기본 실전							Supreme 기본 / Supreme 실전		
어휘	[초·중·고등] 영단어, 영숙어 뜯어먹는 시리즈	뜯어먹는 필수 영단어 1	뜯어먹는 필수 영단어 2		뜯어먹는 중학 기본 1200	뜯어먹는 중학 영단어 1800	뜯어먹는 중학 영숙어 1000	뜯어먹는 수능 1800	뜯어먹는 수능 1800	뜯어먹는 수능 1200
	[중·고등] 영단어 보카클리어				보카클리어	보카클리어	보카클리어	보카클리어 고교필수편	보카클리어 수능편